WORD INDEX TO THE PRAŚASTAPĀDABHĀṢYA

WORD INDEX TO THE PRAŚASTAPĀDABHĀṢYA

a complete word index

to the printed editions of the Praśastapādabhāṣya

JOHANNES BRONKHORST
&
YVES RAMSEIER

MOTILAL BANARSIDASS PUBLISHERS
PRIVATE LIMITED • DELHI

First Edition: Delhi, 1994

ISBN: 81-208-1272-1

Also available at:

MOTILAL BANARSIDASS

41 U.A. Bungalow Road, Jawahar Nagar, Delhi 110 007
120 Royapettah High Road, Mylapore, Madras 600 004
16 St. Mark's Road, Bangalore 560 001
Ashok Rajpath, Patna 800 004
Chowk, Varanasi 221 001

PRINTED IN INDIA

BY JAINENDRA PRAKASH JAIN AT SHRI JAINENDRA PRESS,
A-45 NARAINA, PHASE I, NEW DELHI 110 028
AND PUBLISHED BY NARENDRA PRAKASH JAIN FOR
MOTILAL BANARSIDASS PUBLISHERS PRIVATE LIMITED,
BUNGALOW ROAD, DELHI 110 007

Contents

Preface

The preparations for this Word-index to the printed editions of the Praśastapādabhāṣya were already well on their way when the "Index to the Padārthadharmasaṃgraha of Praśastapāda (Dvivedin's edition)" by Megumu Honda (Tokyo, 1990) came to our notice. After reflection we decided to continue our work. The main reason is, of course, that our Word-index concerns not just one edition, but all the twelve editions of the Praśastapādabhāṣya whose existence we are aware of. Secondly, we have tried to give more detailed information regarding word-forms, which may facilitate the use of this Word-index. A third feature that distinguishes this Word-index is the attempt that has been made to note readings recorded in the three oldest commentaries (Kiraṇāvalī, Nyāya-kandalī, Vyomavatī) which deviate from editions *Ki.*, *Ny.* and *Vy.* respectively. Where our text does not refer to these commentaries in the footnotes, it may be assumed that either the reading recorded in the commentary concerned agrees with the corresponding edition, or that the commentary contains no clear indication as to what reading it accepts.

The information provided with regard to the readings accepted in the commentaries has to be treated with the greatest care. It is rarely possible to reconstruct with certainty the exact reading of the original with the help of a commentary. Moreover, different mss. of one commentary do not always agree with each other, and may attribute different readings to the Praśastapādabhāṣya. Our notes in this respect are therefore tentative and provisional, and no more than that.

A striking feature of the three commentaries, however, is that they never seem to record variant readings[1]. Each of the three commentators, it would appear, worked with just one manuscript of the Praśastapādabhāṣya. This is remarkable, for the author of the Nyāyakandalī refers regularly to the Vyomavatī, and the author of the Kiraṇāvalī was acquainted with both the two earlier commentaries[2]. It appears that the more recent of these three authors referred to the earlier one(s), while at the same time ignoring the different readings accepted in the earlier commentary/-ies.

Passages in the edition in italics indicate that here the Praśastapādabhāṣya uses the 'Vārttika style'[3].

Our thanks are due to Mr. Abhijit Ghosh (Calcutta) and to Mr. Harunaga Isaacson (Groningen), both of whom helped us obtain copies of rare editions of the Praśastapādabhāṣya. Mr. Isaacson gave us, moreover, helpful advice while the preparation of the index was in progress.

J.B.

1. See however p.15 n.13 & p.48 n.11, below.
2. See V. Varadachari, "Vyomavatī, Nyāyakandalī and Kiraṇāvalī," *Annals of the Bhandarkar Oriental Research Institute* 42, 1963, 168-174; further edition *Ny.*, p.iii; p.62 l.21; p.65 l.15; p.67 l.21; p.127 l.13, 18; etc.)
3. See "Two literary conventions of classical India", *Asiatische Studien / Études Asiatiques* 45 (2), 1991, 210-227.

Note

Page numbers of the editions on the right side of the text are given following the *prakaraṇa*-arrangement (which itself is based on the *Ḍh / M* edition), and correspond to the first and the last page (first page concordance for the last four chapters), — or following the *padārtha*-arrangement for the three last chapters. Moreover, some selective markers in the same margin provide additional concordance when a *prakaraṇa* covers a significant number of pages. References to the *L.* and *Ś.* editions, which do not contain a commentary, are given from time to time only.

In the footnotes, bold numbers refer to the Vaiśeṣikasūtra, editions being given in roman capitals. No indication means that the number is common to all editions — except those which are given in brackets.

Numbers in square brackets correspond to the divisions found in Jitendra S. Jetly's edition of the Praśastapādabhāṣya with the Kiraṇāvalī (abbreviated *Ki.*). The index refers to these divisions.

See also the note on the way of using the index on page 91.

Y.R.

Abbreviations & references

EDITIONS OF THE PRAŚASTAPĀDABHĀṢYA

B. The aphorisms of the Vaiśeshika Philosophy by Kaṇâda, with the commentary of Praśastapâda, and the gloss of Udayanâchârya. Edited by Vindhyeśvarî Prasâda Dvivedî and Ḍhuṇḍhirâj Śâstri. Benares: Braj Bhushan Das & Co 1885-1919 (BENARES Sanskrit Series fasc. 1: n° 15, 1885; fasc. 2: n° 50, 1897; fasc. 3: n° 155, 1917; fasc. 4: n° 156, 1918; fasc. 5: n° 157, 1919).

D. The Praśastapāda Bhāshya with commentary Nyāyakandali of Sridhara. Edited by Vindhyesvari Prasad DVIVEDIN. Second edition, Delhi: Sri Satguru Publications 1984 (Sri Garib Dass Oriental Series, n° 13).

Ḍh. Vaiśeṣikadarśane Maharṣipravara-Praśastadevācārya-viracitaṃ Praśastapādabhāṣyam. VidvaccūḍāmaṇiŚrīŚaṅkaramiśra-vinirmitaḥ Upaskāraś ca. Ubhayatra Kāśīsthavedavidyā-layādhyāpaka-Nyāyopādhyāya Paṃ. ḌHUṆḌHIRĀJA-śāstri-kṛtaṃ Vivaraṇam. Sarvam etat saṃskṛtam uktaśāstriṇaiva. Kashi: Chaukhamba 1923.

Jh. Praśastapādabhāṣya (Padārthadharmasaṃgraha) with Commentary Nyāyakandalī by Śrīdhara Bhaṭṭa. Edited with Hindi translation by Pt. Durgādhara JHĀ. Varanasi: Varanaseya Sanskrit Vishvavidyalaya 1963 (Gaṅgānātha-Jhā-granthamālā vol.1). Reprint: Varanasi: Sampūrṇānanda-saṃskṛta-viśvavidyālayaḥ 1977.

K. Praśastapādabhāṣyam of Praśasta Devācārya. With commentaries Sūkti, Setu and Vyomavatī edited by Gopīnāth KAVIRĀJ and Ḍhunḍhirāj Śāstrī. Second edition. Varanasi: Chaukhamba Amarabharati Prakashan 1983 (Chowkhamba Sanskrit Series, n° 61).

Ki. Praśastapādabhāṣyam with the commentary KIRAṆĀ-VALĪ of Udayanācārya. Edited by Jitendra S. Jetly. Baroda: Oriental Institute 1971 (Gaekwad's Oriental Series, n° 154). *References to the Kiraṇāvalī are to this edition if not specified otherwise.*

L. Vaiśeṣikadarśanam. Śrīman Maharṣikaṇādaviracitam Śrīman Maharṣigotamakṛtapraśastapādabhāṣyasamanvitam. Śrīmatpaṇḍitalekharājena mahatā pariśrameṇānveṣitam. Lahaura, virajānandayaṃtrālaye mudritam. Sṛṣṭisamvat 1960852988, vi° samvat 1945. LAHORE 1889.

M. Vaiśeṣikadarśana with Praśastapādabhāṣya of Maharṣi Praśastadevāchārya. With The 'Prakāśikā' Hindī Commentary by Āchārya Ḍhuṇḍhirāja Śāstrī. Edited by Śrī Nārāyaṇa MIŚRA. Varanasi: The Chowkhamba Sanskrit Series Office 1966 (Kashi Sanskrit Series n° 173). *Except a few obvious misprints not worth being noted, this edition follows* Ḍh.

Ny. NYĀYAKANDALĪ [of Śrīdhara], being a commentary on Praśastapādabhāṣya, with three subcommentaries. Edited by J. S. Jetly and Vasant G. Parikh. Vadodara: Oriental Institute 1991 (Gaekwad's Oriental Institute n° 174). *References to the Nyāyakandalī are to this edition if not specified otherwise.*

Ś. Vaiśeṣikadarśanam. Śrīkaṇādamunipraṇītam. Jālandharavaidikapāṭhaśālāmukhyāvyāpakaśrīkṛṣṇaśāstrinirmitaṭippaṇīsamalaṃkṛtaṃ praśastapādācāryaviracitaṃ tadīyabhāṣyam. ŚRĪKṚṢṆAŚĀSTRIṇā saṃskṛtam. Bombay: Nirṇaya Sāgara Press 1943.

T. Praśastapādabhāṣyam. With Sūkti on the Bhāṣya by Jagadīśa Tarkālaṅkāra. Edited with Sūktidīpikā and Bengali elucidation etc. etc. by Kālīpada TARKĀCHĀRYA. Calcutta: The Sanskrit Sahitya Parishat. N.d. (Sanskrit Sahitya Parishat Series n° 15) 1925. *Covers only the chapter on dravya.*

Vy. VYOMAVATĪ of Vyomaśivācārya. Edited by Gaurinath Sastri (2 vols.). Varanasi: Sampūrṇānanda-saṃskṛta-viśvavidyālayaḥ 1983-84 (M.M. Śivakumāraśāstri-granthamālā vol. 6). *References to the Vyomavatī are to this edition if not specified otherwise.*

EDITIONS OF THE VAIŚEṢIKASŪTRA

C. Vaiśeṣikasūtra of Kaṇāda, with the Commentary of CANDRĀNANDA, critically edited by Muni śrī Jambūvijayaji, 2nd edition, Baroda: Oriental Institute 1982. (Gaekwad Oriental Series n° 136.)

R. Kaṇāda's Vaiseshika Darsana with RASĀYANA-Commentary by Śrī Uttamur Viraraghavacharya, Madras 1958.

S. "Vṛtti of the SENA Court", by Anantalal Thakur, *Journal of the Oriental Institute* n° 14, Baroda 1965-66: pp. 330 ff.

U. Common edition of the Vaiśeṣikasūtra. For example:

Vaiśeṣikasūtra-UPASKĀRA of Śaṅkaramiśra, with the 'Prakāśikā' Hindī Commentary by Āchārya Ḍhuṇḍhirāja Śāstrī. Edited by Śrī Nārāyaṇa Miśra. Varanasi: The Chowkhamba Sanskrit Series Office 1969 (Kashi Sanskrit Series n° 195).

The Vaiśeṣikasūtradarśana of Maharṣi Kaṇāda, with the Hindi Commentary 'Prakāśa' by Śrī Nārāyaṇa Miśra. Varanasi: The Chowkhamba Sanskrit Series Office 1969 (Kashi Sanskrit Series n° 175).

The Vaiśeshika Darśana, with the commentaries of Śankaramiśra and Jayanārāyana Tarka Panchānana, edited by Pandita Jayanārāyana Tarka Panchānana, Calcutta 1861 (Bibliotheca Indica volume 34).

The translations of Archibald Edward Gough (Benares 1873) *and Nandalal Sinha* (Calcutta 1911) *also correspond to this text.*

V. Vaiśeṣikadarśana of Kaṇāda, with an anonymous commentary, edited by Anantalal Thakur, Darbhanga: Mithila Institute, 1957.

STUDIES REFERRED TO

CN Claudius NENNINGER: *Aus Gutem Grund*, Praśastapādas anumāna-Lehre und die drei Bedingungen des logischen Grundes, Reinbek: I. Wezler Verl. für Orientalistische Fachpublikationen 1992 (Philosophia Indica: Einsichten, Ansichten; Bd. 1).

NM Masanobu NOZAWA : "The Vaiśeṣikasūtra referred to in the Padārthadharmasaṃgraha". *Indogaku Bukkyōgaku Kenkyū* (alias *Journal of Indian and Buddhist Studies*) n° 24-2, Tokyo 1976: 1006-1000.

[1]

Praśastapādabhāṣyam

B. 3-11
D. 1-7
Ḍh. 1-2
Jh. 1-18
K. 1-20झ
Ki. 1-4
L. 1
M. 1-2
Ny. 1-26
Ś. 12
T. 1-6
Vy. 1.1-15

[0.1. Granthaprayojanaprakaraṇam]

Praṇamya hetum īśvaraṃ muniṃ kaṇādam anv ataḥ
Padārthadharmasaṃgrahaḥ pravakṣyate mahodayaḥ.

[2] Dravyaguṇakarmasāmānyaviśeṣasamavāyānāṃ ṣaṇṇāṃ[1] padārthānāṃ sādharmyavaidharmyatattvajñānaṃ[2] niḥśreyasahetuḥ.

Tac ceśvaracodanābhivyaktād[3] dharmād eva.

B. 13-26
D. 8-15
Ḍh. 2-5
Jh. 20-40
K. 33-109
Ki. 10-18
L. 1-2
M. 3-6
Ny. 29-51
Ś. 12-13
T. 10-35
Vy. 1.16-27

[0.2. Uddeśaprakaraṇam]

[3] Atha ke dravyādayaḥ padārthāḥ, kiṃ ca teṣāṃ sādharmyaṃ vaidharmyaṃ ceti[4].

[4] Tatra dravyāṇi pṛthivyaptejovāyvākāśakāladigātmamanāṃsi[5] sāmānyaviśeṣasaṃjñayoktāni[6] navaiveti[7], tadvyatirekeṇānyasya saṃjñānabhidhānāt[8].

[5] Guṇāś ca[9] rūparasagandhasparśasaṃkhyāparimāṇapṛthaktvasaṃyogavibhāgaparatvāparatvabuddhisukhaduḥkhecchādveṣaprayatnāś[10] ceti[11] kaṇṭhoktāḥ saptadaśa. Caśabdasamuccitāś ca[12]

---

1. *B. Ki. Ś. T. om.* ṣaṇṇāṃ
2. *B. K. L. Ś. T. Vy.* sādharmyavaidharmyābhyāṃ tattvajñānaṃ
3. *B. Ś. T.* °nodanā°
4. *Vy.* Atha ke dravyādayaḥ padārthāḥ kiṃsvarūpāḥ kiñ ca teṣāṃ sādharmyaṃ kiṃrūpañ ca vaidharmyaṃ; *B. om.* vaidharmyaṃ
5. *Ki.* °kāladigmanāṃsiti
6. *B. T.* °saṃjñoktāni
7. *B. Ki. L. Ś. T. om.* iti
8. *B. Ś. T. Kiraṇāvalī & probably Vyomavatī*: tadvyatirekeṇa saṃjñāntarānabhidhānāt; *L. om.* anyasya
9. *B. Ki. Ny. Ś. T. om.* ca
10. *L. om.* °saṃkhyā°
11. *Ś. om.* iti
12. *Ś.* tu

gurutvadravatvasnehasaṃskārādṛṣṭaśabdāḥ saptaivety evaṃ[1] caturviṃśatir guṇāḥ[2].

[6] Utkṣepaṇāpakṣepaṇākuñcanaprasāraṇagamanāni[3] pañcaiva karmāṇi. Gamanagrahaṇād bhramaṇarecanasyandanordhvajvalanatiryakpatananamanonnamanādayo[4] gamanaviśeṣā na[5] jātyantarāṇi.

[7] Sāmānyaṃ dvividhaṃ param[6] aparaṃ cānuvṛttipratyaya- Jh. 29 K. 51
kāraṇam[7]. Tatra paraṃ sattā[8] mahāviṣayatvāt. Sā cānuvṛtter eva Ny. 41 T. 21
hetutvāt sāmānyam eva[9]. Dravyatvādy aparam alpaviṣayatvāt. Tac ca vyāvṛtter api hetutvāt sāmānyaṃ sad viśeṣākhyām[10] api labhate.

[8] Nityadravyavṛttayo 'ntyā[11] viśeṣāḥ. Te khalv atyantavyāvṛttihetutvād[12] viśeṣā eva[13].

[9] Ayutasiddhānām ādhāryādhārabhūtānāṃ yaḥ sambandha ihapratyayahetuḥ[14] sa samavāyaḥ.

[10] Evaṃ dharmair vinā[15] dharmiṇām uddeśaḥ kṛtaḥ[16].

---

1. *Ki.* °sabdāḥ ity eva catur°
2. *B. K. Vy.* caturviṃśatiguṇāḥ
3. *Ki. Ś.* Utkṣepaṇāvakṣepaṇā°; *L. om.* °apakṣepaṇa°
4. *D. Ḍh. K. L. Ś.* °spandanordhvajvalana°; *Ki.* °tiryakpavana°; *L.* °tiryakyatana°; *Vy.* °tiryakpavanapatana°
5. *B. Ś. T.* gamanaviśeṣā eva na tu
6. *L.* parañ ca
7. *B. K. T. Vy.* parañ ca. Tac cā°; *Ś.* aparañ ceti. Tac cā°
8. *Vy.* sattā paraṃ
9. *Vy.* Sā ca sattānuvṛtter eva kāraṇam iti sāmānyam eva
10. *Ki.* saha viśeṣā°
11. *B. T.* °vṛttayo hy antyā
12. *B. K. Ś. T. Vy.* Te ca khalv atyantavyāvṛttibuddhihetutvād; *L. same reading without* ca.
13. *B.* viśeṣā eva viśeṣāḥ
14. *L. Ś.* ihetipratyaya°
15. *T. om.* dharmair vinā
16. *K. Vy.* kṛta iti

[0.3. Sādharmyavaidharmyaprakaraṇam] B.27-39 D.16-26

[11] Ṣaṇṇām api padārthānām[1] astitvābhidheyatvajñeyatvāni[2]. Dh.5-10 Jh.41-68
Āśritatvaṃ cānyatra nityadravyebhyaḥ. K.114-168

[12] Dravyādīnāṃ pañcānāṃ[3] samavāyitvam anekatvaṃ ca. Ki.18-27 L.2-3

[13] Guṇādīnāṃ pañcānām api nirguṇatvaniṣkriyatve. M.6-13 Ny.54-82

[14] Dravyādīnāṃ trayāṇām api[4] sattāsambandhaḥ sāmānya- Ś.13-14 T.41-66
viśeṣavattvaṃ[5] svasamayārthaśabdābhidheyatvaṃ[6] dharmādharma- Vy.1.31-54
kartṛtvaṃ ca.

Kāryatvānityatve kāraṇavatām eva. K.129

Kāraṇatvaṃ cānyatra pārimāṇḍalyādibhyaḥ[7].

Dravyāśritatvaṃ cānyatra nityadravyebhyaḥ.

[15] Sāmānyādīnāṃ trayāṇāṃ[8] svātmasattvaṃ[9] buddhi-
lakṣaṇatvam akāryatvam akāraṇatvam asāmānyaviśeṣavattvaṃ[10]
nityatvam arthaśabdānabhidheyatvaṃ[11] ceti[12]. B.32 D.20

[16] Pṛthivyādīnāṃ navānām api dravyatvayogaḥ svātmany Jh.54 K.144
ārambhakatvaṃ guṇavattvaṃ kāryakāraṇāvirodhitvam, antya- Ny.67 T.53
viśeṣavattvam anāśritatvanityatve cānyatrāvayavidravyebhyaḥ[13]. Vy.42

[17] Pṛthivyudakajvalanapavanātmamanasām anekatvāpara-jātimattve[14].

[18] Kṣitijalajyotiranilamanasāṃ kriyāvattvamūrtatvaparatvāparatvavegavattvāni.

---

1. *B. Ny. Ś. T.* padārthānāṃ sādharmyam asti°
2. *Ki.* °jñeyatvam; *L.* °jñeyatvāni sādharmyam
3. *B. Ki. Ny. Ś. T.* pañcānām api; *Vy.* pañcānām api sādharmyaṃ
4. *B. T. om.* api
5. *L. Nyāyakandalī*: °tvaṃ ca
6. *L. om.* sva°; *Nyāyakandalī*: °tvaṃ ca
7. *Ś. adds.* dravyādīnāṃ trayāṇāṃ kāraṇatvaṃ
8. *B. Ki. Ny. T. Vyomavatī*: trayāṇām api
9. *T.* svātmavattvaṃ
10. *L.* sāmānya°
11. *K. Vy.* arthaśabdābhidheyatvaṃ: *reading contrary to Vyomavatī.*
12. *Ki. Ś. om.* iti
13. *Nyāyakandalī*: avayavidravyebhyo 'nyatra
14. *Ś.* °jātitve

[19] Ākāśakāladigātmanāṃ sarvagatatvaṃ paramamahattvaṃ sarvasaṃyogisamānadeśatvaṃ ca[1]. K. 154

[20] Pṛthivyādīnāṃ pañcānām api bhūtatvendriyaprakṛtitvabāhyaikaikendriyagrāhyaviśeṣaguṇavattvāni[2].

Caturṇāṃ dravyārambhakatvasparśavattve.

Trayāṇāṃ pratyakṣatvarūpavattvadravatvāni[3]. Vy. 52

Dvayor gurutvaṃ rasavattvaṃ ca[4]. Ny. 77

[21] Bhūtātmanāṃ[5] vaiśeṣikaguṇavattvam.

[22] Kṣityudakātmanāṃ caturdaśaguṇavattvam. K. 165

[23] Ākāśātmanāṃ kṣaṇikaikadeśavṛttiviśeṣaguṇavattvam.

[24] Dikkālayoḥ pañcaguṇavattvaṃ[6] sarvotpattimatāṃ nimittakāraṇatvaṃ ca.

[25] Kṣititejasor naimittikadravatvayogaḥ[7].

[26] Evaṃ sarvatra sādharmyaṃ viparyayād[8] vaidharmyaṃ ca[9] vācyam iti dravyāsaṃkaraḥ[10].

[1.1. Pṛthivīnirūpaṇaprakaraṇam]

B. 41-62
D. 27-28

Ihedānīm ekaikaśo vaidharmyam ucyate[11]. Dh. 10-13
Jh. 70-89

[27] Pṛthivītvābhisambandhāt pṛthivī. Rūparasagandhasparśa- K. 170-196
Ki. 28-42
saṃkhyāparimāṇapṛthaktvasaṃyogavibhāgaparatvāparatvaguru- L. 3-4
tvadravatvasaṃskāravatī. M. 15-19

Ny. 84-106
Ś. 14-16

---

1. *B. Ś. T.* ceti T. 74-88
2. *Ḍh.* °prakṛtitvaṃ bāhyaikaike°; *Ki. has* °eka° *only once* (*but Kiraṇāvalī reads it twice*). Vy. 1.55-63
3. *B. K. T. Vy.* °dravatvavattvāni (*similarly Kiraṇāvalī*); *Ś.* pratyakṣatvadravatvarūpavattvāni
4. *B. K. T. Vy.* ceti
5. *L.* Bhūtānām
6. *L.* pañcaguṇatvam
7. *L.* °yogāḥ
8. *B. K. T. Vy.* viparyayāt sādharmyaṃ (*so Kiraṇāvalī*); *L.* Evaṃ sādharmyaṃ viparyyayāc ca
9. *Ś. om.* ca
10. *B. K. Ki. Ny. Ś. T. Vy. om.* dravyāsaṃkaraḥ; *L.* dravyasaṃkaraḥ
11. *Vyomavatī appears to read the word* vīpsā *in this sentence.*

[28] Ete ca guṇaviniveśādhikāre[1] rūpādayo guṇaviśeṣāḥ siddhāḥ. Cākṣuṣavacanāt[2] sapta saṃkhyādayaḥ. Patanopadeśād[3] gurutvam. Adbhiḥ sāmānyavacanād[4] dravatvam. Uttarakarmavacanāt[5] saṃskāraḥ[6].

[29] Kṣitāv eva gandhaḥ. Rūpam anekaprakāraṃ[7] śuklādi. Rasaḥ[8] ṣaḍvidho madhurādiḥ. Gandho dvividhaḥ — surabhir asurabhiś ca. Sparśo 'syā[9] anuṣṇāśītatve sati pākajaḥ.

[30] Sā tu[10] dvividhā — nityā cānityā ca[11]. Paramāṇulakṣaṇā Ny. 93
nityā. Kāryalakṣaṇā tv anityā. Sā ca sthairyādyavayavasanniveśaviśiṣṭā 'parajātibahutvopetā[12] śayanāsanādyanekopakārakarī ca.

Trividhaṃ cāsyāḥ kāryaṃ śarīrendriyaviṣayasaṃjñakam. Jh. 81

[31] Śarīraṃ[13] dvividham — yonijam ayonijaṃ ca[14]. Tatrāyonijam anapekṣya śukraśoṇitaṃ[15] devarṣīṇāṃ śarīraṃ dharmaviśeṣasahitebhyo 'ṇubhyo jāyate. Kṣudrajantūnāṃ yātanāśarīrāṇy adharmaviśeṣasahitebhyo 'ṇubhyo jāyante. Śukraśoṇitasannipātajaṃ yonijam. Tad[16] dvividhaṃ — jarāyujam aṇḍajaṃ ca. Mānuṣa-

---

1. **2.1.1** "Rūparasagandhasparśavatī pṛthivī". *Ś.* guṇaniveśā°
2. **4.1.12** "Saṃkhyāḥ parimāṇāni pṛthaktvam saṃyogavibhāgau paratvāparatve karma ca rūpidravyasamavāyāc cākṣuṣāṇi" (U. 4.1.11, V. 4.1.10).
3. C. **5.1.7** "Saṃyogābhāve gurutvāt patanam" (R. U. 5.1.18, V. 5.1.6).
4. C. **2.1.6** "Sarpirjatumadhūcchiṣṭānāṃ pārthivānām agnisaṃyogād dravatā 'dbhiḥ sāmānyam" (R. U. V. dravatvam, U. V. *om.* pārthivānām).
5. C. **5.1.17** "Nodanād ādyam iṣoḥ karma karmakāritāc ca saṃskārād uttaraṃ tathottaram uttaraṃ ca" (V. 5.1.15; R. U. V. karma tatkarma°).
6. *B. Ki. L. Ny. T.* saṃskāra iti
7. *B. T. Nyāyakandalī*: °prakārakaṃ
8. *Ś.* Rasaś ca
9. *B. Ki. T. om.* 'syā
10. *B. Jh. K. Ny.* ca
11. *Ś. Vy.* nityā anityā ca
12. *Vy.* sthairyādyavayavasanniveśaviśiṣṭajātibahutvopetā: *no doubt an error; Vyomavatī as in text.*
13. *B. K. T. Ś. Vy.* Tatra śarīraṃ
14. *Cf.* R. U. V. **4.2.5** "Tatra śarīraṃ dvividhaṃ yonijam ayonijaṃ ca" (C. *om.*).
15. *B. K. T. Vy.* anapekṣaśukraśoṇitaṃ; *Ś.* anapekṣitaśukraśoṇitaṃ
16. *B. K. L. T. Vy.* Tat tu; *Ś.* Tac ca; *Vyomavatī as in text.*

paśumṛgāṇāṃ[1] jarāyujam. Pakṣisarīsṛpāṇām aṇḍajam.

[32] Indriyaṃ gandhavyañjakaṃ sarvaprāṇināṃ jalādyanabhi- Ny. 104
bhūtaiḥ[2] pārthivāvayavair ārabdhaṃ ghrāṇam.

[33] Viṣayas tu dvyaṇukādikrameṇārabdhas[3] trividho — mṛtpāṣāṇasthāvaralakṣaṇaḥ. Tatra bhūpradeśāḥ prākāreṣṭakādayo[4] mṛtprakārāḥ[5]. Pāṣāṇā upalamaṇivajrādayaḥ. Sthāvarās tṛṇauṣadhivṛkṣalatāvatānavanaspataya[6] iti.

[1.2. Jalanirūpaṇaprakaraṇam] B. 66-72 D. 35-36

Dh. 14-15
[34] Aptvābhisambandhād āpaḥ. Rūparasasparśadravatva- Jh. 90-96 K. 236
snehasaṃkhyāparimāṇapṛthaktvasaṃyogavibhāgaparatvāparatva- Ki. 45-49 L. 4
gurutvasaṃskāravatyaḥ[7]. [35] Pūrvavad eṣāṃ siddhiḥ[8]. [36] Śukla- M. 20-22
madhuraśītā eva rūparasasparśāḥ. Sneho 'mbhasy eva sāṃsiddhikaṃ Ny. 107-11 Ś. 16
ca dravatvam[9]. [37] Tāś ca[10] pūrvavad dvividhāḥ nityānityabhāvāt[11]. T. 100-101 Vy. 1.79
Tāsāṃ tu kāryaṃ[12] trividhaṃ śarīrendriyaviṣayasaṃjñakam[13]. [38]

1. *T.* paśupakṣimṛgāṇāṃ
2. *Vy.* jalādyanabhibhūtair asampṛktaiḥ kevalaiḥ... *Vyomavatī ascribes this reading to the /a Bhāṣya.*
3. *B. K. Ki. Ny. Ś. Vy.* °aṇukādiprakrameṇa
4. *B. Ki. Ś. T.* prakāreṣṭikādayo
5. *B. K. T. Ś. Vy.* mṛdvikārāḥ (*so Kiraṇāvalī*)
6. *B. K. T. Vy.* Sthāvarā vṛkṣatṛṇauṣadhigulmalatā°; *Ki. Ny.* Sthāvarās tṛṇauṣadhivṛkṣagulmalatā°; *L.* sthāvarās tṛṇauṣadhigulmalatā°; *Ś.* sthāvaras tṛṇagulmauṣadhitarulatāvitānavanaspataya iti; *Vyomavatī*: sthāvarās tṛṇauṣadhivṛkṣagulmalatāvitānavanaspataya iti
7. *B. K. T. Vy.* °saṃskāravatyaś ca. *Nyāyakandalī observes*: atra dvandvānantaraṃ matuppratyayaḥ karaṇīyaḥ *as if it knew a reading without* °vatyaḥ.
8. *B. K. Ki. L. Ś. T. Vy.* Ete ca pūrvavat siddhāḥ. *Cf.* [42] *infra.*
9. *B. K. T. Vy.* sāṃsiddhikaṃ dravatvañ ca (*but Vyomavatī follows text*)
10. *B. K. Ki. L. Ny. Ś. T. Vy.* Tās tu
11. *L.* °bhedāt
12. *B. K. T. Vy.* Kāryaṃ punas; *Ki.* Tāsāṃ kāryaṃ ca (*Kiraṇāvalī om.* ca); *L.* Tāsāṃ kāryyaṃ tu; *Ś. om.* Tāsāṃ tu; *Nyāyakandalī*: Kāryaṃ ca
13. *L.* °saṃjñam

Tatra[1] śarīram ayonijam eva varuṇaloke[2] pārthivāvayavopaṣṭambhāc copabhogasamartham[3]. [39] Indriyaṃ sarvaprāṇināṃ[4] rasavyañjakaṃ[5] vijātyanabhibhūtair[6] jalāvayavair ārabdhaṃ rasanam. [40] Viṣayas tu saritsamudrahimakarakādiḥ[7].

B. 72-79
D. 38-39
Ḍh. 15-16
Jh. 97-101
K. 247
Ki. 49-52
L. 4-5
M. 22-24
Ny. 114-1
Ś. 17
T. 111-112
Vy. 1.83

[1.3. Tejonirūpaṇaprakaraṇam]

[41] Tejastvābhisambandhāt tejaḥ. Rūpasparśasaṃkhyāparimāṇapṛthaktvasaṃyogavibhāgaparatvāparatvadravatvasaṃskāravat. [42] Pūrvavad eṣāṃ siddhiḥ. [43] Tatra[8] śuklaṃ bhāsvaraṃ[9] ca rūpam. Uṣṇa eva sparśaḥ[10]. [44] Tad api dvividham aṇukāryabhāvāt. Kāryaṃ ca[11] śarīrāditrayam[12]. [45] Śarīram ayonijam evādityaloke[13] pārthivāvayavopaṣṭambhāc copabhogasamartham. [46] Indriyaṃ sarvaprāṇināṃ rūpavyañjakam[14] anyāvayavānabhibhūtais tejovayavair ārabdhaṃ cakṣuḥ[15]. [47] Viṣayasaṃjñakaṃ[16] caturvidham — bhaumaṃ divyam udaryam ākarajaṃ ca. Tatra

1. *K. Vy. & Kiraṇāvalī om.* Tatra; *T.* atra
2. *Vy.* Śarīram ayonijam eva dharmaviśeṣasahitebhya āpyebhyaḥ paramāṇubhyo jāyate varuṇaloke; *Ki. om.* eva; *Ś. adds* prasiddham
3. *B. K. T. Vy. Nyāyakandalī*: °ṣṭambhād upabhogasamartham
4. *Ki. om.* sarvaprāṇināṃ (*but Kiraṇāvalī has it*)
5. *Ś. & Nyāyakandalī*: rasavyañjakaṃ sarvaprāṇinām
6. *B. K. T. Vy.* rasopalambhakam anyāvayavānabhibhūtair; *L.* rasopalambhakaṃ vi°; *Ś.* vijātīyāvayavā'nabhibhūtair; *Vyomavatī has* rasavyañjakam.
7. *B. K. Ki. T. Ny. Vy.* °ādir iti.
8. *B. K. Ki. Ś. T. Vy. Nyāyakandalī om.* Tatra
9. *L. Ś.* śuklabhāsvaraṃ
10. *Vy. adds*: naimittikañ ca dravatvam. Saṃkhyādayaś ca pūrvavat. *B. K. T. add*: naimittikaṃ dravatvañ ca; *Ś. adds* naimittikaṃ ca dravatvam
11. *B. K. Ki. T. om.* ca
12. *B. T. adds* śarīrendriyaviṣayasaṃjñakam
13. *Vy.* Śarīram ayonijam eva dharmaviśeṣasahitebhyo 'ṇubhyo jāyate ādityaloke
14. *Ś.* rūpavyañjakaṃ sarvaprāṇinām
15. *L.* ārabdhaṃ ca cakṣuḥ
16. *B.* Viṣayasañjñikaṃ; *Vy.* Viṣayalakṣaṇaṃ

bhaumaṃ kāṣṭhendhanaprabhavam ūrdhvajvalanasvabhāvaṃ[1] pacanadahanasvedanādisamarthaṃ[2]. Divyam abindhanaṃ sauravidyudādi[3]. Bhuktasyāhārasya rasādipariṇāmārtham[4] udaryaṃ[5]. Ākarajaṃ ca[6] suvarṇādi. Tatra saṃyuktasamavāyād rasādyupalabdhir iti.

B. 79-88
D. 44
Ḍh. 16-19
Jh. 111-120
K. 259
Ki. 53-59
L. 5
M. 24-29
Ny. 124-13[illegible]
Ś. 17-18
T. 121-122
Vy. 1.87-88

[1.4.1. Vāyunirūpaṇaprakaraṇam]

[48] Vāyutvābhisambandhād vāyuḥ. Sparśasaṃkhyāparimāṇapṛthaktvasaṃyogavibhāgaparatvāparatvasaṃskāravān. [49] Sparśo 'syānuṣṇāśītatve saty apākajaḥ. Guṇaviniveśāt[7] siddhaḥ[8]. Arūpiṣv acākṣuṣavacanāt[9] sapta saṃkhyādayaḥ. Tṛṇakarmavacanāt[10] saṃskāraḥ. [50] Sa cāyaṃ dvividho 'ṇukāryabhāvāt. [51] Tatra kāryalakṣaṇaś caturvidhaḥ — śarīram indriyaṃ viṣayaḥ prāṇa iti. [52] Tatrāyonijam eva śarīraṃ[11] marutāṃ loke[12] pārthivāvayavopaṣṭambhāc copabhogasamartham. [53] Indriyaṃ sarvaprāṇināṃ sparśopalambhakaṃ pṛthivyādyanabhibhūtair vāyvavayavair ārabdhaṃ sarvaśarīravyāpi[13] tvagindriyam[14]. [54] Viṣayas tūpalabhyamāna-

1. *Nyāyakandalī, Vyomavatī and Kiraṇāvalī*: ūrdhvajvalanasvabhāvakam
2. *B. K. Ś. T. Vy. Nyāyakandalī om.* °dahana°; *L. reads* °sneha° *for* °sveda°; *Ki.* °samarthaṃ ca
3. *L. Nyāyakandalī*: sauraṃ vidyutādi
4. *B. K. T. Vy.* rasādibhāvena pariṇāmasamartham (*but Vyomavatī*: rasādipariṇāmārtham); *Ś.* rasādipariṇāmasamartham; *Kiraṇāvalī*: rasādipariṇāmanimittam
5. *L.* audaryyaṃ; *Ś.* udaryaṃ nirindhanam
6. *B. K. Ki. L. T. Vy. om.* ca. *Vyomavatī has it.*
7. **2.1.4** "Vāyuḥ sparśavān" (U. "Sparśavān vāyuḥ").
8. *B. T.* siddheḥ; *L.* siddhau; *Ś.* guṇaniveśādhikārasiddhaḥ
9. **4.1.13** "Arūpiṣv acākṣuṣatvāt" (V. 4.1.11; U. 4.1.12 "Arūpiṣv acākṣuṣāṇi"). *L.* rūpiṣv acākṣuṣatvavacanāt
10. **5.1.14** "Tṛṇakarma vāyusaṃyogāt" (V. 5.1.12; R. U. V. "Tṛṇe karma vāyusaṃyogāt"). *Ś.* tṛṇe karma°
11. *Nyāyakandalī*: tatra śarīram ayonijam eva (?)
12. *L.* sukṛtāṃ loke; *Vy.* Tatra śarīram ayonijam eva dharmaviśeṣasahitebhyo vāyuparamāṇubhyo jāyate marutāṃ loke
13. *K. Ki. Vy. om.* sarva°, *but Kiraṇāvalī has it.*
14. *Ś.* tvak

sparśādhiṣṭhānabhūtaḥ sparśaśabdadhṛtikampaliṅgas tiryaggamanasvabhāvo[1] meghādipreraṇadhāraṇādisamarthaḥ. [55] Tasyāpratyakṣasyāpi nānātvaṃ sammūrcchanenānumīyate. Saṃmūrcchanaṃ punaḥ samānajavayor[2] vāyvor viruddhadikkriyayoḥ[3] sannipātaḥ. So 'pi sāvayavinor vāyvor ūrdhvagamanenānumīyate[4]. Tad api tṛṇādigamaneneti[5]. [56] Prāṇo 'ntaḥśarīre rasamaladhātūnāṃ preraṇādihetur ekaḥ san kriyābhedād apānādisaṃjñāṃ labhate[6].

B. 89-96
D. 48-49
Dh. 19-23
Jh. 121-131
K. 277-279
Ki. 60-64
L. 5-7
M. 29-34
Ny. 134-139
Ś. 18-19
T. 132-134
Vy. 1.95-96

[1.4.2. Sṛṣṭisaṃhāraprakaraṇam]

[57] Ihedānīṃ[7] caturṇāṃ mahābhūtānāṃ sṛṣṭisaṃhāravidhir ucyate. Brāhmeṇa mānena varṣaśatānte[8] vartamānasya brahmaṇo 'pavargakāle saṃsārakhinnānāṃ[9] sarvaprāṇināṃ[10] niśi viśrāmārthaṃ sakalabhuvanapater[11] maheśvarasya saṃjihīrṣāsamakālaṃ śarīrendriyamahābhūtopanibandhakānāṃ[12] sarvātmagatānām adṛṣṭānāṃ[13] vṛttinirodhe sati maheśvarecchātmāṇusaṃyogajakarmabhyaḥ śarīrendriyakāraṇāṇuvibhāgebhyas[14] tatsaṃyoganivṛttau teṣām āparamāṇvanto vināśaḥ. Tathā pṛthivy-

1. *B. Ś. T.* °svabhāvako
2. *Ś.* samānajātyor
3. *B. T.* viruddhadikkriyayoḥ vāyvoḥ
4. *K. Vy.* Saṃmūrcchanaṃ punaḥ samānajavayor viruddhadikkriyayoḥ vāyvoḥ sāvayavinor ūrdhvagamanenānumīyate (*Vyomavatī as in the text, but without second* vāyvor)
5. *B. Ś. T.* So 'pi tṛṇādigamanenānumitena sāvayavinor ūrdhvagamanenānumīyate (*Kiraṇāvalī appears to comment this reading too*); *Ki. om.* iti; *L.* so 'pi tṛṇādigamaneneti; *Vy.* ṛṇādīnām ūrdhvagamaneneti; *Nyāyakandalī*: tṛṇādigamanenānumīyate
6. *B. K. T. Vy.* prāṇāpānādisaṃjñāṃ labhata iti (*Vyomavatī as in text*); *L.* kriyābhedādibhir apānādisaṃjñāṃ labhate iti; *Ś.* labhata iti
7. *Ki. Ś. Nyāyakandalī & Vyomavatī om.* Ihedānīṃ
8. *B. K. T. Vy.* varṣaśatasyānte
9. *Ki. L. Ny. Ś. T.* saṃsāre khinnānāṃ
10. *Ki. Ś. & Nyāyakandalī om.* sarva°
11. *L.* niśi śrāmārthaṃ sakalabhuvanādhipater
12. *L. om.* °mahā°
13. *Ś. Vy.* sarvātmagatādṛṣṭānāṃ
14. *Ś.* °vibhāgas tebhyas

udakajvalanapavanānām api mahābhūtānām anenaiva krameṇottarasminn uttarasmin[1] sati pūrvasya pūrvasya[2] vināśaḥ. Tataḥ pravibhaktāḥ paramāṇavo 'vatiṣṭhante dharmādharmasaṃskārānuviddhāś cātmānas[3] tāvantam eva kālam.

[58] Tataḥ punaḥ[4] prāṇināṃ bhogabhūtaye maheśvarasisṛkṣānantaraṃ[5] sarvātmagatavṛttilabdhādṛṣṭāpekṣebhyas tatsaṃyogebhyaḥ pavanaparamāṇuṣu karmotpattau teṣāṃ[6] parasparasaṃyogebhyo dvyaṇukādiprakrameṇa[7] mahān vāyuḥ[8] samutpanno nabhasi dodhūyamānas tiṣṭhati.

Tadanantaraṃ tasminn eva vāyāv[9] āpyebhyaḥ paramāṇubhyas tenaiva krameṇa mahān salilanidhir utpannaḥ poplūyamānas tiṣṭhati. Tadanantaraṃ tasminn eva jalanidhau[10] pārthivebhyaḥ paramāṇubhyo[11] mahāpṛthivī[12] saṃhatā 'vatiṣṭhate[13].

Tadanantaraṃ tasminn eva mahodadhau taijasebhyo 'ṇubhyo[14] dvyaṇukādiprakrameṇotpanno[15] mahāṃs tejorāśiḥ kenacid anabhibhūtatvād[16] dedīpyamānas tiṣṭhati.

---

1. *B. K. T. Vy.* krameṇottarasminn uttarasmiṃś ca; *Ḍh.* krameṇottarasminn anuttarasmin (*but M. as text*)
2. *B. K. T. Vy.* pūrvapūrvasya
3. *D. Ḍh. Jh. L.* °nuviddhā ātmānas; *Ki.* °nuvidhāś cātmānas
4. *L. om.* punaḥ
5. *B. K. Ki. Ny. Ś. T. Vy.* maheśvarasya sisṛkṣā°; *L.* parameśvarasya sisṛkṣā°
6. *K. Vy.* teṣāṃ pūrvadiśā
7. *L.* tryaṇukādikrameṇa; *Ś.* °ādikrameṇa
8. *L.* mahāṇvāyuḥ (?)
9. *B. K. Vy. om.* vāyāv; *L. om.* eva vāyāv; *T.* vāyāpyebhyaḥ (*misprint*)
10. *D. Ḍh. Jh. Ś. om.* jalanidhau; *L. om.* eva jalanidhau; *Nyāyakandalī*: jaladhau
11. *Dvivedin in D. p.49, note 2*: dvyaṇukādiprakrameṇotpannā – ity adhyāhāryam.
12. *B. K. T. Vy.* paramāṇubhyo dvyaṇukādiprakrameṇa mahāpṛthivī samutpannā saṃ°; *L. same reading, but* °krameṇa *instead of* °prakrameṇa; *Ki. Ny.* °pṛthivī samutpannā saṃ°; *Ś.* paramāṇubhyo dvyaṇukādikrameṇa samutpannā mahāpṛthivī saṃ°
13. *L.* tiṣṭhate
14. *L. Ś.* paramāṇubhyo
15. *L.* °ādikrameṇa samutpanno; *Ś.* °ādikrameṇotpanno
16. *B. K. Ki. L. Ś. T. Vy. om.* kenacid anabhibhūtatvād (*Nyāyakandalī has it*)

[59] Evaṃ samutpanneṣu caturṣu mahābhūteṣu maheśvarasyābhidhyānamātrāt taijasebhyo 'ṇubhyaḥ pārthivaparamāṇusahitebhyo[1] mahad aṇḍam ārabhyate[2].

Tasmiṃś caturvadanakamalaṃ sarvalokapitāmahaṃ[3] brahmāṇaṃ sakalabhuvanasahitam utpādya prajāsarge viniyuṅkte[4]. Sa ca maheśvareṇa viniyukto[5] brahmā 'tiśayajñānavairāgyaiśvaryasampannaḥ prāṇināṃ[6] karmavipākaṃ viditvā karmānurūpajñānabhogāyuṣaḥ sutān prajāpatīn mānasān manudevarṣipitṛgaṇān[7] mukhabāhūrupādataś caturo varṇān anyāni coccāvacāni bhūtāni[8] sṛṣṭvā, āśayānurūpair dharmajñānavairāgyaiśvaryaiḥ saṃyojayatīti.

[1.5. Ākāśaprakaraṇam]

B. 105-113
D. 58-59
Ḍh. 23-26
Jh. 143-152
K. 308
Ki. 70-75
L. 7
M. 36-41
Ny. 153-162
Ś. 19-20
T. 145-146
Vy. 1.108-9

[60] Ākāśakāladiśām ekaikatvād aparajātyabhāve[9] pāribhāṣikyas tisraḥ saṃjñā bhavanty ākāśaḥ[10] kālo dig iti. [61] Tatrākāśasya guṇāḥ[11] śabdasaṃkhyāparimāṇapṛthaktvasaṃyogavibhāgāḥ. [62] Śabdaḥ[12] pratyakṣatve saty akāraṇaguṇapūrvakatvād ayāvaddravyabhāvitvād āśrayād[13] anyatropalabdheś ca na[14] sparśavadviśeṣaguṇaḥ. Bāhyendriyapratyakṣatvād ātmāntaragrāhyatvād ātmany asamavāyād ahaṃkāreṇa vibhaktagrahaṇāc ca nātmaguṇaḥ. Śrotragrāhyatvād

1. *L.* pārthivādipara°; *Ś.* pārthivāṇusahitebhyo
2. *B. K. T. Vy.* utpadyate
3. *L.* caturvadanakamalasakalalokapitāmahaṃ
4. *Ś.* niyuṅkte
5. *Ś.* niyukto
6. *Ś.* sarvaprāṇināṃ
7. *Ś.* manūn deva°
8. *D. Jh. Ny.* bhūtāni ca; *K. Ḍh. Vy.* anyāni coccāvacāni ca sṛṣṭvā; *Nyāyakandalī & Vyomavatī as in text.*
9. *B. T.* abhāve sati (*so Kiraṇāvalī*)
10. *B. K. Ś. T. Vy.* ākāśam (*so Kiraṇāvalī*)
11. *B. K. T.* Tatrākāśaguṇāḥ; *Vy.* Tasya guṇāḥ
12. *B. K. T. Vy.* Tatra śabdaḥ
13. *K. om.* āśrayād
14. *L. om.* na

vaiśeṣikaguṇabhāvāc[1] ca na dikkālamanasām. Pariśeṣād[2] guṇo bhūtvākāśasyādhigame liṅgam[3]. [63] Śabdaliṅgāviśeṣād ekatvaṃ siddham. Tadanuvidhānād ekapṛthaktvam[4]. Vibhavavacanāt[5] paramamahat parimāṇam. Śabdakāraṇatvavacanāt[6] saṃyoga-vibhāgāv iti[7]. [64] Ato guṇavattvād[8] anāśritatvāc ca dravyam. Samānāsamānajātīyakāraṇābhāvāc ca[9] nityam. [65] Sarvaprāṇināṃ ca[10] śabdopalabdhau nimittaṃ[11] śrotrabhāvena[12]. [66] Śrotraṃ punaḥ śravaṇavivarasaṃjñako nabhodeśaḥ śabdanimittopabhoga-prāpakadharmādharmopanibaddhaḥ. Tasya ca nityatve saty upani-bandhakavaikalyād[13] bādhiryam iti[14].

---

1. *B. K. T. Vy.* viśeṣaguṇa°; *but Vyomavatī as in text.*
2. *B. K. Ś. T. Vy.* pāriśeṣyād (*so Kiraṇāvalī*; *Vyomavatī has* pariśeṣād)
3. C. **2.1.26** "Liṅgam ākāśasya" (R. U. 2.1.27 "Pariśeṣāl liṅgam ākāśasya"; V. 2.1.30 "Śabdo liṅgam ākāśasya iti"). *Ki. om.* Śrotra-grāhyatvād vaiśeṣikaguṇabhāvāc ca na dikkālamanasām. Pariśeṣād guṇo bhūtvā ākāśasyādhigame liṅgam.
4. *B. K. Ś. T. Vy. & Kiraṇāvalī*: pṛthaktvam; *L.* eva pṛthaktvam; *Vyoma-vatī appears to have* ekapṛthaktvam.
5. C. **7.1.28** "Vibhavān mahān ākāśaḥ" (R. 7.1.23, U. 7.1.22, V. 7.1.24 "Vibhavān mahān ākāśas tathā cātmā"). *L. Ś.* vibhuvacanāt
6. C. **2.2.36** "Saṃyogād vibhāgāc chabdāc ca· śabdaniṣpatteḥ" (R. 2.2.32, V. 2.2.30 °niṣpattiḥ, U. 2.2.31 "Saṃyogād vibhāgāc ca śabdāc ca śabdaniṣpattiḥ"). *Ki. Ś. Vy.* °kāraṇavacanāt
7. *Ś. om.* iti
8. *Ś.* guṇavacanād
9. *Vy.* °kāraṇāsaṃbhavāc ca, *but Vyomavatī as in text*; *Ki.* °jātīyabhāvāc ca; *L. om.* ca
10. *Ki. Ś. Nyāyakandalī & Vyomavatī om.* ca
11. *L.* śabdopalabdhinimittaṃ
12. *K. om.* śrotrabhāvena
13. *Ki.* upanibandhavaikalyād; *Vyomavatī*: upabhoganibandhakaḥ
14. *Ki. Ś. om.* iti

[1.6. Kālaprakaraṇam]

B. 114-121
D. 63-64
Ḍh. 26-28
Jh. 155160
K. 332
Ki. 76-80
L. 7-8
M. 41-44
Ny. 164-170
Ś. 20-21
T. 160-161
Vy. 1.119-12

[67] Kālaḥ parāparavyatikarayaugapadyāyaugapadyacirakṣipra-pratyayaliṅgaḥ[15]. Teṣāṃ viṣayeṣu[16] pūrvapratyayavilakṣaṇānām[3] utpattāv anyanimittābhāvād[4] yad atra nimittaṃ sa kālaḥ. [68] Sarvakāryāṇāṃ cotpattisthitivināśahetus[5] tadvyapadeśāt. Kṣaṇalava-nimeṣakāṣṭhākalāmuhūrtayāmāhorātrārdhamāsamāsartvayana-saṃvatsarayugakalpamanvantarapralayamahāpralayavyavahāra-hetuḥ[6]. [69] Tasya guṇāḥ saṃkhyāparimāṇapṛthaktvasaṃyoga-vibhāgāḥ. [70] Kālaliṅgāviśeṣād ekatvaṃ siddham. Tadanuvidhānāt pṛthaktvam[7]. Kāraṇe kāla[8] iti vacanāt paramamahat parimāṇam. Kāraṇaparatvādivacanāt[9] saṃyogaḥ. Tadvināśakatvād vibhāga iti[10]. [71] Tasyākāśavad dravyatvanityatve siddhe. [72] Kālaliṅgāviśeṣād añjasaikatve 'pi[11] sarvakāryāṇām ārambhakriyābhinirvṛttisthiti-nirodhopādhibhedān[12] maṇivat pācakavad vā nānātvopacāra iti.

---

1. *B. D. Ḍh. Jh. K. T.* °liṅgam
2. *Ś.* viṣaye
3. *Ś.* °vilakṣaṇānāṃ pratyayānām
4. *L. Ś.* °nimittāsambhāvād
5. *Ś. om.* ca
6. *Ki. L. Ny.* °hetuś ca; *L.* tadvyapadeśāl lakṣaṇalava°; *Ś. has* °varṣa° *instead of* °saṃvatsara°.
7. *Ś.* vidhānād ekatvam
8. C. **7.1.32** "Kāraṇena kāla iti" (R. 7.1.26 "Kāraṇe kālākhyā", U. 7.1.25, V. 7.1.27 "Kāraṇe kālaḥ"). *Commentators seem to consider this quotation as the sūtra* C. **2.2.11** "Kāraṇe kālākhyā" (R. U. 2.2.9 "Nityeṣv abhāvād anityeṣu bhāvāt kāraṇe kālākhyeti", V. 2.2.9 "Kāraṇe kālākhyeti"). *See Nozawa's comment*: NM, p.1003 n.7.
9. C. **7.2.26** "Kāraṇaparatvāt kāraṇāparatvāc ca" (R. 7.2.22 "Kāraṇa-paratvāt kāraṇāparatvāc ca paratvāparatve", U. V. 7.2.22). *Jh. K. Ki. Ś. T. Vy.* Kāraṇaparatvād iti vacanāt
10. *Ś.* Tadvināśād vibhāgaḥ
11. *Ś. om.* 'pi
12. *Ki. L. Ny. Ś.* prārambha° (*so Vyomavatī; Kiraṇāvalī & Nyāyakandalī have* ārambha°); *L. reads* °nivṛtti° *and* °bhedāmaṇivat (?)

[1.7. Dikprakaraṇam]

B. 122-1 D. 66-67 Dh. 28-2 Jh. 162-1 K. 351-3 Ki. 8183 L. 8 M. 45-47 Ny. 172- Ś. 21 T. 140-1 Vy. 1.13

[73] Dik pūrvāparādipratyayaliṅgā. Mūrtadravyam[1] avadhiṃ kṛtvā mūrteṣv eva dravyeṣv etasmād[2] idaṃ pūrveṇa dakṣiṇena paścimenottareṇa pūrvadakṣiṇena dakṣiṇāpareṇāparottareṇottarapūrveṇa cādhastād[3] upariṣṭāc ceti daśa pratyayā yato bhavanti sā dig iti. Anyanimittāsambhavāt[4]. [74] Tasyās tu guṇāḥ saṃkhyāparimāṇapṛthaktvasaṃyogavibhāgāḥ. Kālavad ete siddhāḥ. [75] Digliṅgāviśeṣād añjasaikatve 'pi diśaḥ[5] paramamaharṣibhiḥ[6] śrutismṛtilokasaṃvyavahārārthaṃ[7] meruṃ pradakṣiṇam āvartamānasya[8] bhagavataḥ savitur ye saṃyogaviśeṣā[9] lokapālaparigṛhītadikpradeśānām[10] anvarthāḥ prācyādibhedena daśavidhāḥ saṃjñāḥ kṛtāḥ. Ato[11] bhaktyā daśa diśaḥ siddhāḥ. Tāsām eva devatāparigrahāt[12] punar daśa saṃjñā bhavanti — māhendrī vaiśvānarī yāmyā nairṛtī vāruṇī vāyavyā kauberī[13] aiśānī brāhmī nāgī ceti.

[1.8. Ātmaprakaraṇam]

B. 127-1 D. 69-70 Dh. 30-3 Jh. 167-2 K. 360-3 Ki. 84-98 L. 8-9 M. 47-55 Ny. 176- Ś. 21-23 T. 178-1 Vy. 1.13

[76] Ātmatvābhisambandhād ātmā. Tasya saukṣmyād apratyakṣatve sati[14] karaṇaiḥ śabdādyupalabdhyanumitaiḥ śrotrādibhiḥ samadhigamaḥ kriyate. Vāsyādīnāṃ[15] karaṇānāṃ

---

1. *L.* mūrtaṃ dravyam
2. *Ś.* asmād
3. *L. om.* ca; *Ś.* dakṣiṇapaścimenottarapūrvenādhastād
4. *K. Vy. om.* Anyanimittāsambhavāt
5. *L. om.* diśaḥ; *Ś.* añjasā diśa ekatve 'pi
6. *Ki. L. Ś. Vy.* paramarṣibhiḥ
7. *K. Vy.* °lokavyavahārārthaṃ
8. *L.* pradakṣiṇīkṛtya vartamānasya
9. *K. Vy. T.* saṃyogaviśeṣās teṣāṃ lokapāla°; *Ki. Ny.* saṃyogavibhāgā lokapāla° (*Kiraṇāvalī*: saṃyogaviśeṣās teṣām; *Nyāyakandalī explains*: saṃyogavibhāgās teṣām ity adhyāhāraḥ; *Vyomavatī too does not have* teṣām); *L.* saṃyogā lokapāla°; *Ś.* saṃyogās teṣāṃ lokapāla°
10. *Ś.* °gṛhītānāṃ dik°
11. *K. Ki. Ny. Ś. Vy.* tato; *T.* tato 'bhaktyā
12. *Ki. Ny. Ś.* °parigrahavaśāt; *L.* punar devatāparigrahavaśād daśa
13. *Ki. L.* cāndramasī *for* kauberī
14. *T.* apratyakṣatve 'pi
15. *B. K. Ki. L. Ny. T. Vy.* Vāsyādīnām iva; *Nyāyakandalī does not have* iva.

kartṛprayojyatvadarśanāt śabdādiṣu prasiddhyā ca prasādhako 'numīyate.

[77] *Na śarīrendriyamanasām ajñatvāt*[1]. Na śarīrasya caitanyaṃ, ghaṭādivad bhūtakāryatvān[2] mṛte cāsambhavāt. Nendriyāṇāṃ, karaṇatvād upahateṣu[3] viṣayāsānnidhye cānusmṛtidarśanāt. Nāpi manasaḥ, karaṇāntarānapekṣitve[4] yugapad ālocanasmṛtiprasaṅgāt[5] svayaṃ karaṇabhāvāc ca. Pariśeṣād[6] ātmakāryatvāt tenātmā[7] samadhigamyate. [78] Śarīrasamavāyinībhyāṃ ca[8] hitāhitaprāptiparihārayogyābhyāṃ pravṛttinivṛttibhyāṃ rathakarmaṇā sārathivat prayatnavān vigrahasyādhiṣṭhātā 'numīyate, prāṇādibhiś ceti[9]. Katham? Śarīraparigṛhīte vāyau vikṛtakarmadarśanād bhastrādhmāpayiteva[10]. Nimeṣonmeṣakarmaṇā[11] niyatena dāruyantraprayokteva[12]. Dehasya vṛddhikṣatabhagnasaṃrohaṇādinimittatvād[13] gṛhapatir iva. Abhimataviṣayagrāhakakaraṇasambandhanimittena[14] manaḥkarmaṇā gṛhakoṇeṣu pelakapreraka[15] iva dārakaḥ[16]. Nayanaviṣayālocanānantaraṃ rasānusmṛtikrameṇa[17] rasanavikriyādarśanād

---

1. *L.* °manasāṃ caitanyasaṃjñatvāt; *Vy.* °manasāṃ caitanyam ajñatvāt. *Kiraṇāvalī and Nyāyakandalī confirm the accepted reading.*
2. *Vy.* bhūtatvāt kāryatvāc ca
3. *Vy.* [upahateṣu]
4. *Ś.* kāraṇāntarā'pekṣatve
5. *L.* ālocanānusmṛti°; *Ś.* °ālocanānusmṛtidarśanaprasaṃgāt
6. *L. & Kiraṇāvalī*: pāriśeṣyāt
7. *Ki.* °kāryatvād ātmā; *L.* °kāryyatvāc cetanātmā; *Ś.* °kāryaṃ jñānaṃ tenātmā; *Nyāyakandalī & Vyomavatī confirm the accepted reading.*
8. *Ki. Ś. om.* ca
9. *Ki. L. Ś. om.* iti
10. *L.* bhastradhmā° (?)
11. *Ś.* Nimeṣonmeṣaṇakarmaṇā
12. *B.* °prayoktreva
13. *Vy.* °nimittād, *but Vyomavatī as in text*; *Ś.* vṛddhibhagnakṣatasaṃrohaṇābhyām; *Nyāyakandalī*: vṛddhikṣatabhagnasaṃrohaṇanimittatvād: *Kiraṇāvalī knows both readings, with and without* °ādi°.
14. *Ki. om.* °karaṇa°; *Ś. om.* °viṣaya°
15. *L.* °preraṇa
16. *Ś.* °karmaṇā gṛhakoṇopalaprerakadāraka iva
17. *L.* °ālocanāntaraṃ rasānusmṛtiprakrameṇa; *Ś.* rasānuvṛttikrameṇa

anekagavākṣāntargataprekṣakavad[1] ubhayadarśī kaścid eko[2]
vijñāyate. B. 136
[79] Sukhaduḥkhecchādveṣaprayatnaiś ca guṇair guṇy Ḍh. 35 Jh. 202
anumīyate. Te ca na śarīrendriyaguṇāḥ[3]. Kasmāt? Ahaṃkāreṇaika- Ki. 79 M. 53
vākyatābhāvāt[4] pradeśavṛttitvād ayāvaddravyabhāvitvād[5] Ny. 213
bāhyendriyāpratyakṣatvāc[6] ca[7]. Tathā 'haṃśabdenāpi[8] pṛthivyādi-
śabdavyatirekād iti. [80] Tasya guṇāḥ buddhisukhaduḥkhecchā-
dveṣaprayatnadharmādharmasaṃskārasaṃkhyāparimāṇapṛthaktva-
saṃyogavibhāgāḥ. Ātmaliṅgādhikāre[9] buddhyādayaḥ prayatnāntāḥ
siddhāḥ. Dharmādharmāv ātmāntaraguṇānām akāraṇatvavacanāt[10].
Saṃskāraḥ smṛtyutpattau kāraṇavacanāt[11]. Vyavasthāvacanāt[12]
saṃkhyā. Pṛthaktvam apy[13] ata eva. Tathā cātmeti[14] vacanāt
paramamahat parimāṇam. Sannikarṣajatvāt sukhādīnāṃ[15] saṃyogaḥ.
Tadvināśakatvād vibhāga iti.

---

1. *B.* °prerakavad
2. *Ś. om.* eko
3. *Ś.* Ete na ca śarīrendriyaviśeṣaguṇāḥ
4. *L.* ahaṃkāreṇaikyavākyatābhāvāt; *Vy.* ahaṅkārenaikavākyatvābhāvāt
5. *Vyomavatī*: yāvaddravyābhāvitvāt
6. *Ki.* bāhyendriyapratyakṣatvāc
7. *Ś. om.* ca
8. *L. om.* api
9. C. **3.2.4** "Prāṇāpānanimeṣonmeṣajīvanamanogatīndriyāntaravikārāḥ sukhaduḥkhe icchādveṣau prayatnaś cety ātmaliṅgāni" (R. U. "°vikārāḥ sukhaduḥkhecchādveṣaprayatnāś cātmano liṅgāni", V. "°vikārāḥ parātmani liṅgam").
10. C. V. **6.1.7** "Ātmaguṇeṣv ātmāntaraguṇānām akāraṇatvāt" (R. 6.1.5 "Ātmāntaraguṇānām ātmāntaraguṇeṣv akāraṇatvāt", U. 6.1.5 "Ātmāntaraguṇānām ātmāntare 'kāraṇatvāt").
11. C. **9.22** "Ātmamanasoḥ saṃyogaviśeṣāt saṃskārāc ca smṛtiḥ" (R. U. 9.2.6, V. *om.*); *Ś. om.* kāraṇavacanāt; *Vyomavatī cites a sūtra* "smṛtir vāsanākhyāt".
12. C. **3.2.16** "Nānā vyavasthātaḥ" (R. 3.2.20 "Nānātmāno vyavasthātaḥ", U. 3.2.20 "Vyavasthāto nānā", V. *om.*).
13. *L. om.* api
14. C. **7.1.29** "Tathā cātmā" (R. 7.1.23, U. 7.1.22, V. 7.1.24 "Vibhavān mahān ākāśas tathā cātmā").
15. *Vy.* Sukhādīnāṃ sannikarṣajatvāt

[1.9. Manaḥprakaraṇam] B. 152-157

D. 89
Ḍh. 35-37
Jh. 216-226
K. 411-412
Ki. 100-101
L. 10
M. 56-58
Ny. 226-237
Ś. 23-24
T. 203-204
Vy. 1.156

[81] Manastvayogān[1] manaḥ. Saty apy ātmendriyārthasānnidhye jñānasukhādīnām[2] abhūtvotpattidarśanāt karaṇāntaram anumīyate. Śrotrādyavyāpāre smṛtyutpattidarśanād bāhyendriyair agṛhīta-sukhādigrāhyāntarabhāvāc[3] cāntaḥkaraṇam[4]. [82] Tasya guṇāḥ saṃkhyāparimāṇapṛthaktvasaṃyogavibhāgaparatvāparatvasaṃskārāḥ. Prayatnajñānāyaugapadyavacanāt[5] pratiśarīram ekatvaṃ siddham[6]. Pṛthaktvam apy[7] ata eva. Tadabhāvavacanād[8] aṇuparimāṇam[9]. Apasarpaṇopasarpaṇavacanāt[10] saṃyogavibhāgau. Mūrtatvāt paratvāparatve saṃskāraś ca[11]. Asparśavattvād dravyānārambhakatvam. Kriyāvattvān[12] mūrtatvam[13]. Sādhāraṇavigrahavattva-prasaṅgād ajñatvam[14]. Karaṇabhāvāt[15] parārtham[16]. Guṇavattvād dravyam. Prayatnādṛṣṭaparigrahavaśād[17] āśusaṃcāri ceti[18].

Iti Praśastapādabhāṣye dravyapadārthaḥ[19].

---

1. *B. K. Ś. T.* Manastvābhisambandhān (*so Kiraṇāvalī*); *L.* Manassaṃyogān
2. *L. Vy.* jñānasukhaduḥkhānām
3. *Ś. T.* agṛhītasukhādigrāhakāntarābhāvāc
4. *Ki. om.* cāntaḥkaraṇam; *Ny. om.* antaḥkaraṇam; *Ś.* °ābhāvāc ceti
5. C. V. **3.2.3** "Prayatnāyaugapadyāj jñānāyaugapadyāc caikaṃ manaḥ", R. "Prayatnāyaugapadyāj jñānāyaugapadyāc ca pratiśarīram ekaṃ manaḥ", U. "Prayatnāyaugapadyāj jñānāyaugapadyāc caikam".
6. *Ś. om.* siddham
7. *T. om.* api
8. C. **7.1.30** "Tadabhāvād aṇu manaḥ" (R. 7.1.24, U. 7.1.23, V. 7.1.25).
9. *Ki.* aguṇaparimāṇam (*Kiraṇāvalī has* aṇu°)
10. C. **5.2.19** "Apasarpaṇam upasarpaṇam aśitapītasaṃyogaḥ kāryāntara-saṃyogāś cety adṛṣṭakāritāni" (R.5.2.18 "...°pītasaṃyogāḥ kāryāntara-saṃyogāś cādṛṣṭāya", U. V. 5.2.17 "...°pītasaṃyogāḥ kāryāntara-saṃyogāś cety adṛṣṭakāritāni").
11. *Ś.* paratvāparatvasaṃskāraś ca
12. *L.* kriyāvattvaṃ; *T.* Asparśatvāt dravyānārambhakakriyāvattvāt
13. *Kiraṇāvalī*: kriyāvattvān mūrtaṃ manaḥ
14. *Ki. Ś.* ajñam.
15. *L.* svayaṃkaraṇabhāvāt
16. *K. Vy.* pārārthyam
17. *Kiraṇāvalī*: prayatnādṛṣṭaparigrahād
18. *L.* °saṃcāritvañ ceti; *Ś.* °sañcāritvam iti; *T.* Prayatnādṛṣṭaparigṛhītatvāc ca āśusaṃcāriteti
19. *Ki. Ś.* Iti dravyapadārthaḥ samāptaḥ; *var.* Iti praśastakarīyabhāṣye; Iti śrī-praśastadevācāryaviracite vaiśeṣikabhāṣye; *L.* ity dravyapadārthaḥ; *Vy. om.*

Atha guṇapadārthanirūpaṇam[1]. B. 159- D. 94-1

[2.0. Sādharmyaprakaraṇam] Ḍh. 38- Jh. 227-

K. 429- Ki. 104 L. 10-1 M. 60-6 Ny. 239 Ś. 24-2 Vy. 2.1-

[83] Rūpādīnāṃ guṇānāṃ sarveṣāṃ[2] guṇatvābhisambhandho dravyāśritatvaṃ[3] nirguṇatvaṃ niṣkriyatvam[4].

[84] Rūparasagandhasparśaparatvāparatvagurutvadravatvasnehavegā mūrtaguṇāḥ.

[85] Buddhisukhaduḥkhecchādveṣaprayatnadharmādharmabhāvanāśabdā[5] amūrtaguṇāḥ.

[86] Saṃkhyāparimāṇapṛthaktvasaṃyogavibhāgā ubhayaguṇāḥ.

[87] Saṃyogavibhāgadvitvadvipṛthaktvādayo[6] 'nekāśritāḥ.

[88] Śeṣās tv ekaikadravyavṛttayaḥ[7].

[89] Rūparasagandhasparśasnehasāṃsiddhikadravatvabuddhisukhaduḥkhecchādveṣaprayatnadharmādharmabhāvanāśabdā vaiśeṣikaguṇāḥ.

[90] Saṃkhyāparimāṇapṛthaktvasaṃyogavibhāgaparatvāparatvagurutvanaimittikadravatvavegāḥ sāmānyaguṇāḥ.

[91] Śabdasparśarūparasagandhā bāhyaikaikendriyagrāhyāḥ.

[92] Saṃkhyāparimāṇapṛthaktvasaṃyogavibhāgaparatvāparatvadravatvasnehavegā dvīndriyagrāhyāḥ.

[93] Buddhisukhaduḥkhecchādveṣaprayatnās tv antaḥkaraṇagrāhyāḥ.

[94] Gurutvadharmādharmabhāvanā hy[8] atīndriyāḥ[9]. Ny. 247

---

1. *L. Ś. om.*; *Ki.*: [atha praśastapādabhāṣye guṇapadārthanirūpaṇam]
2. *Vy.* sarveṣāṃ guṇānāṃ
3. *L.* °tvañ ca
4. *B.* niṣkriyatvam aguṇatvaṃ ca; *K. Vy.* niṣkriyatvam aguṇavattvaṃ ca (*so Kiraṇāvalī*); *Ś.* niṣkriyatvaṃ nirguṇatvaṃ ca
5. *K. om.* °dveṣa°; *L. om.* Buddhi°
6. *Ś.* °vibhāgadvitvapṛthaktvādayo
7. *Jh. Ny. Ś. om.* °dravya°
8. *Vy. Ś. Nyāyakandalī om.* hy
9. *K. om. this whole sentence*

[95] Apākajarūparasagandhasparśaparimāṇaikatvaikapṛthak- L. 11
tvagurutvadravatvasnehavegāḥ kāraṇaguṇapūrvakāḥ[1].

[96] Buddhisukhaduḥkhecchādveṣaprayatnadharmādharma- Jh.238
bhāvanāśabdā[2] akāraṇaguṇapūrvakāḥ.

[97] Buddhisukhaduḥkhecchādveṣaprayatnadharmādharmabhāvanāśabdatūlaparimāṇottarasaṃyoganaimittikadravatvaparatvāparatvapākajāḥ[3] saṃyogajāḥ.

[98] Saṃyogavibhāgavegāḥ karmajāḥ.

[99] Śabdottaravibhāgau vibhāgajau.

[100] Paratvāparatvadvitvadvipṛthaktvādayo buddhyapekṣāḥ.

[101] Rūparasagandhānuṣṇasparśaśabdaparimāṇaikatvaikapṛthaktvasnehāḥ samānajātyārambhakāḥ.

[102] Sukhaduḥkhecchādveṣaprayatnāś cāsamānajāty- Ny. 250
ārambhakāḥ[4].

[103] Saṃyogavibhāgasaṃkhyāgurutvadravatvoṣṇasparśajñānadharmādharmasaṃskārāḥ samānāsamānajātyārambhakāḥ.

[104] Buddhisukhaduḥkhecchādveṣabhāvanāśabdāḥ svāśrayasamavetārambhakāḥ.

[105] Rūparasagandhasparśaparimāṇasnehaprayatnāḥ paratrā- Ś. 25
rambhakāḥ.

[106] Saṃyogavibhāgasaṃkhyaikapṛthaktvagurutvadravatva- B.169
vegadharmādharmās[5] tūbhayatrārambhakāḥ.

[107] Gurutvadravatvavegaprayatnadharmādharmasaṃyogaviśeṣāḥ[6] kriyāhetavaḥ.

---

1. *L.* °māṇaikatvapṛthaktva° *and om.* kāraṇaguṇapūrvakaḥ; *M.* kāraguṇa°
2. *L.* °śabdās tv
3. *D. Ḍh.* °tvāpākajāḥ; *Ki.* °śabdatulapari°; *L. om.* Buddhisukhaduḥkecchādveṣaprayatnadharmādharma°
4. *L. & Kiraṇāvalī* (*and perhaps Vyomavatī*) *have* tu *instead of* ca; *Ś. om.* ca
5. *L. Vy.* °saṃkhyaikatvaikapṛthaktva°
6. *K. om.* °prayatna°

[108] Rūparasagandhānuṣṇasparśasaṃkhyāparimāṇaikapṛthaktvasnehaśabdānām[1] asamavāyikāraṇatvam[2].

[109] Buddhisukhaduḥkhecchādveṣaprayatnadharmādharmabhāvanānāṃ nimittakāraṇatvam.

[110] Saṃyogavibhāgoṣṇasparśagurutvadravatvavegānām ubhayathā kāraṇatvam.

[111] Paratvāparatvadvitvadvipṛthaktvādīnām[3] akāraṇatvam.

[112] Saṃyogavibhāgaśabdātmaviśeṣaguṇānāṃ[4] pradeśavṛttitvam.

[113] Śeṣāṇām āśrayavyāpitvam.

[114] Apākajarūparasagandhasparśaparimāṇaikatvaikapṛthaktvasāṃsiddhikadravatvagurutvasnehānāṃ[5] yāvaddravyabhāvitvam.

[115] Śeṣāṇām ayāvaddravyabhāvitvaṃ ceti[6].

[116] Rūpādīnāṃ sarveṣāṃ guṇānāṃ[7] pratyekam apara- L.12
sāmānyasambandhād rūpādisaṃjñā bhavanti.

[2.1. Rūpaprakaraṇam] B. 174-176
D. 104

[117] Tatra rūpaṃ cakṣurgrāhyam. Pṛthivyudakajvalanavṛtti Dh. 44
Jh. 251
dravyādyupalambhakaṃ nayanasahakāri śuklādyanekaprakāraṃ K. 441
Ki. 114
[118] salilādiparamāṇuṣu nityaṃ pārthivaparamāṇuṣv agni- M. 68
Ny. 259
saṃyogavirodhi sarvakāryadravyeṣu[8] kāraṇaguṇapūrvakam Vy. 2.15
āśrayavināśād eva vinaśyatīti.

---

1. *L.* °parimāṇaikatvaikapṛthaktva°
2. *B. K. Vy.* asamavāyitvam (*so Kiraṇāvalī*; *Vyomavatī has* asamavāyikāraṇatvam); *Ś.* cā'sama°
3. *Ki. Vy. om.* °dvitva°
4. *Ś. om.* °viśeṣa°
5. *Jh. Ki. Ny. om.* °ekatva°; *L. om.* °sāṃsiddhika°; *Ś.* °pṛthaktvagurutvasāṃsiddhikadravatvasnehānāṃ
6. *Ki. Ny. om.* ceti; *Ś.* °tvam iti
7. *Vy.* sarvaguṇānāṃ
8. *Ki. Ny. Ś.* sarvakāryeṣu

[2.2. Rasaprakaraṇam]

B. 178 D. 105 Ḍh. 45 Jh. 254 K. 442 Ki. 116 M. 70 Ny. 262 Vy. 2.16

[119] Raso rasanagrāhyaḥ[1]. Pṛthivyudakavṛttir jīvanapuṣṭibalārogyanimittaṃ rasanasahakārī madhurāmlalavaṇatiktakaṭukaṣāyabhedabhinnaḥ[2]. [120] Asyāpi[3] nityānityatvaniṣpattayo rūpavat[4].

[2.3. Gandhaprakaraṇam]

B. 180 Jh. 255 K. 443 Ki. 117 Ny. 263 Vy. 2.17

[121] Gandho ghrāṇagrāhyaḥ. Pṛthivīvṛttir ghrāṇasahakārī surabhir asurabhiś ca. Asyāpi pūrvavad utpattyādayo vyākhyātāḥ[5].

[2.4.1. Sparśaprakaraṇam]

B. 181 D. 106 Jh. 256 Ny. 264 Vy. 2.18

[122] Sparśas tvagindriyagrāhyaḥ. Kṣityudakajvalanapavanavṛttis[6] tvaksahakārī rūpānuvidhāyī śītoṣṇānuṣṇāśītabhedāt trividhaḥ. [123] Asyāpi nityānityatvaniṣpattayaḥ pūrvavat.

[2.4.2. Pākajaprakaraṇam]

B. 182-87 D. 106-107 Ḍh. 46 Jh. 257-262 K. 445 Ki. 118-121 L. 12-13 M. 71 Ny. 265-270 Ś. 26 Vy. 2.19-23

[124] Pārthivaparamāṇurūpādīnām[7] pākajotpattividhānam. [125] Ghaṭāder āmadravyasyāgninā sambaddhasyāgnyabhighātān[8] nodanād vā tadārambhakeṣv aṇuṣu karmāṇy utpadyante. Tebhyo vibhāgāḥ vibhāgebhyaḥ saṃyogavināśāḥ saṃyogavināśebhyaś ca[9] kāryadravyaṃ vinaśyati. [126] Tasmin vinaṣṭe svatantreṣu[10] paramāṇuṣv agnisaṃyogād[11] auṣṇyāpekṣāc chyāmādīnāṃ vināśaḥ

---

1. *Ś.* rasanendriyagrāhyaḥ
2. *K. om.* °tikta°; *Ś.* °lavaṇakaṭutiktakaṣāya°
3. *L. Ś.* tasyāpi; *Nyāyakandalī*: tasya ca
4. *Vy.* pūrvavat
5. *Vy. & Kiraṇāvalī*: Asyāpi utpattyādayaḥ pūrvavat; *Ki. om. the sentence*; *Ś.* Asyāpi pūrvavad upapattayo vyākhyātāḥ
6. *Vy.* pṛthivyudaka°
7. *Ś.* °paramāṇuṣu rūpādīnāṃ
8. *L.* sambandha°
9. *L.* vibhāgebhyo dravyārambhakasaṃyogavināśāḥ, tadvināśebhyo kāryya°; *Ś. om.* ca
10. *L. Ś. om.* svatantreṣu
11. *Ś.* paramāṇvagnisaṃyogāt

punar anyasmād agnisaṃyogād[1] auṣṇyāpekṣāt[2] pākajā jāyante. [127] Tadanantaraṃ bhogināṃ adṛṣṭāpekṣād ātmāṇusaṃyogād utpannapākajeṣv aṇuṣu[3] karmotpattau teṣāṃ parasparasaṃyogād dvyaṇukādikrameṇa[4] kāryadravyam utpadyate. Tatra ca[5] kāraṇaguṇaprakrameṇa[6] rūpādyutpattiḥ. [128] Na ca kāryadravya eva[7] rūpādyutpattir vināśo vā[8] sambhavati sarvāvayaveṣv antar bahiś ca vartamānasyāgninā vyāptyabhāvāt[9]. Aṇupraveśād api ca[10] vyāptir na sambhavati kāryadravyavināśād iti. B. 192-210

[2.5. Saṃkhyāprakaraṇam] D. -113 Dh. 48-54

[129] Ekādivyavahārahetuḥ[11] saṃkhyā[12]. [130] Sā punar Jh. 267-295 K. 454-464
ekadravyā cānekadravyā ca. Tatraikadravyāyāḥ salilādiparamāṇu- Ki. 124-135
rūpādīnām iva nityānityatvaniṣpattayaḥ[13]. L. 13-15 M. 74-85

Anekadravyā tu dvitvādikā parārdhāntā[14]. Tasyāḥ khalv Ny. 275-30 Ś. 26-29
ekatvebhyo 'nekaviṣayabuddhisahitebhyo niṣpattir apekṣābuddhi- Vy. 2.31-49
vināśād[15] vināśa iti. [131] Katham? Yadā boddhuś cakṣuṣā samānāsamānajātīyayor dravyayoḥ sannikarṣe sati tatsaṃyuktasamavetasamavetaikatvasāmānyajñānotpattāv[16] ekatvasāmānyatat-

---

1. *Ś. om.* agni°
2. *Nyāyakandalī om.* auṣṇyāpekṣāt
3. *Vy. om.* aṇuṣu; *Nyāyakandalī*: paramāṇuṣu
4. *Kiraṇāvalī & Nyāyakandalī*: °prakrameṇa
5. *Ś. om.* ca
6. *Ki. Ny.* kāraṇaguṇapūrvaprakrameṇa; *L.* kāraṇaguṇapūrvakrameṇa; *Kiraṇāvalī agrees with text.*
7. *Ki. L. Ny. Ś. Vy. om.* eva, *but Nyāyakandalī has it.*
8. *Ki. L. Vy.* Na ca kāryadravye rūpādivināśa utpattir vā; *Ś.* Na ca kāryadravye rūpādīnām vināśa utpattir vā
9. *Ś.* prāptyabhāvāt
10. *Ki. Vy. om.* ca
11. *K. Vy.* ekatvādi°
12. *L.* saṃkhyāḥ
13. *Ś.* nityānityaniṣpattayaḥ
14. *Ki.* dvitvādiparārdhāntā
15. *Ś. & Nyāyakandalī*: °vināśāc ca
16. *Vy.* °sāmānye jñānotpattāv; *K.* saṃyuktasamavetaikatva°

sambandhajñānebhya[1] ekaguṇayor[2] anekaviṣayiṇy ekā buddhir[3] utpadyate tadā tām[4] apekṣyaikatvābhyāṃ svāśrayayor[5] dvitvam ārabhyate. Tataḥ punas tasmin dvitvasāmānyajñānam[6] utpadyate. Tasmād[7] dvitvasāmānyajñānād apekṣābuddher[8] vinaśyattā dvitvasāmānyatatsambandhatajjñānebhyo[9] dvitvaguṇabuddher utpadyamānatety[10] ekaḥ kālaḥ. [132] Tata idānīm apekṣābuddhivināśād dvitvaguṇasya[11] vinaśyattā, dvitvaguṇajñānaṃ dvitvasāmānyajñānasya vināśakāraṇaṃ[12], dvitvaguṇatajjñānasambandhebhyo[13] dve dravye iti dravyabuddher[14] utpadyamānatety ekaḥ kālaḥ. [133] Tadanantaraṃ dve dravye iti dravyajñānasyotpādaḥ[15], dvitvasya vināśaḥ, dvitvaguṇabuddher vinaśyattā, dravyajñānāt saṃskārasyotpadyamānatety ekaḥ kālaḥ[16]. [134] Tadanantaraṃ dravyajñānād[17] dvitvaguṇabuddher vināśo dravyabuddher api[18] saṃskārāt[19].

---

1. *B.* °sāmānyatatsambandhatajjñānebhya; *Jh. Ny.* °sāmānyasatsambandhajñānebhya (*Nyāyakandalī as in text.*); *Ś.* °sāmānyasambandhajñānebhya
2. *B. K. Vy.* ekatvaguṇayor, *but Vyomavatī as in text.*
3. *L.* ekabuddhir
4. *Vy.* utpadyate ekatvasāmānyabuddheś ca vinaśyattā tatas tām
5. *K.* svāśraye
6. *Ki. om.* °sāmānya°; *L.* °sāmanye jñā°
7. *B. K. Vy.* tataḥ punar; *Nyāyakandalī om.* Tasmāt
8. *L.* °buddhir
9. *Ki. L.* dvitvasāmānyatatsambandhajñānebhyo; *Ś. & Vyomavatī*: dvitvasāmānyatajjñānatatsambandhebhyo; *Kiraṇāvalī seems to follow text.*
10. *Vy.* utpattir ity; *Vyomavatī follows text.*
11. *Nyāyakandalī* (*Ny.*): dvitvasya (*om.* guṇasya) – (*D. om. the quotation*).
12. *B. K. Ś. Vy.* dvitvaguṇabuddhitaḥ sāmānyabuddher vinaśyattā; *Ki. Ny.* dvitvaguṇabuddhitaḥ sāmānyabuddher api vinaśyattā
13. *B. K. L. Ś. Vy. Kiraṇāvalī & Nyāyakandalī* (*Ny.*): dvitvaguṇatajjñānatatsambandhebhyo; *Ki. Ny.* : dvitvaguṇajñānatatsambandhebhyo; *Nyāyakandalī* (*D.*): dvitvaguṇajñānasambandhebhyo (?)
14. *Ś. & Kiraṇāvalī*: dravyajñānasya
15. *B. K. Vy.* iti jñānotpādaḥ; *Ś. & Kiraṇāvalī*: iti jñānasyotpādaḥ
16. *Ś.* iti jñānasyotpādaḥ dvitvavināśaḥ. Saṃskārasyotpadyamānatā. Guṇabuddher vinaśyattā. Sāmānyabuddher vināśa ity ekaḥ kālaḥ
17. *K. Vy.* dravyasāmānyāt
18. *Ś.* °buddher vināśaḥ kṣaṇāntare dravyabuddher api vināśaḥ
19. *B. K. Ki. Ny. Ś. Vy.* saṃskārād iti

[135] Etena tritvādyutpattir api[1] vyākhyātā. Ekatvebhyo 'neka- K.462
viṣayabuddhisahitebhyo niṣpattir[2] apekṣābuddhivināśāc ca[3] vināśa iti. Ny.291 Vy.2.40

[136] Kvacic cāśrayavināśād iti[4]. Katham? Yadaikatvādhārā- Jh.285
vayave[5] karmotpadyate tadaivaikatvasāmānyajñānam[6] utpadyate Ny.294 Vy.2.44
karmaṇā cāvayavāntarād vibhāgaḥ kriyate[7] apekṣābuddheś cotpattiḥ. [137] Tato[8] yasminn eva kāle vibhāgāt saṃyogavināśas tasminn eva kāle dvitvam utpadyate[9] saṃyogavināśād dravyavināśaḥ sāmānyabuddheś cotpattiḥ. [138] Tato yasminn eva kāle sāmānyajñānād apekṣābuddher[10] vināśas tasminn eva kāle[11] āśrayavināśād dvitvavināśa iti[12].

Jh.287
[139] Śobhanam etad vidhānaṃ vadhyaghātakapakṣe. Sahānava- Ny.295
sthānalakṣaṇe tu virodhe[13] dravyajñānānutpattiprasaṅgaḥ. [140] Vy.2.45
Katham? Guṇabuddhisamakālam apekṣābuddhivināśād[14] dvitvavināśe tadapekṣasya dve dravye iti dravyajñānasyānutpattiprasaṅga[15] iti.

[141] *Laiṅgikavaj jñānamātrād iti cet.* Syān matam, yathā B.206
'bhūtaṃ bhūtasyety[16] atra liṅgābhāve 'pi jñānamātrād anumānaṃ Ny.297

---

1. *L. Ny. Ś. om.* api; *L. reads from* [133] *onwards*: Tadanantaraṃ dravyajñānāt dvitvaguṇabuddher vināśo dravyabuddher api saṃskārād ity anena dvitvādyutpattir vyākhyātā
2. *B. K.* °sahitebhyo dvitvādiniṣpattir; *Vy.* °sahitebhyo tritvādiniṣpattir
3. *B. K. L. Ś. Vy. om.* ca
4. *Ś. Vy. om.* ca; *Ki. Ny. Ś.* °vināśād api; *Ś.* kvacid āśrayavināśād api vināśaḥ
5. *L.* °vayavaiḥ
6. *Ki.* tad evaikatvasāmānye jñānam; *L. Ny.* tadaivaikatvasāmānye jñānam
7. *Ś. om.* kriyate
8. *K. Vy.* ato
9. *B.* utpadyate tataḥ
10. *Ś. Vy.* sāmānyajñānāpekṣābuddher
11. *L. om.* sāmānyajñānād apekṣābuddher vināśas tasminn eva kāle
12. *Ś. om.* iti
13. *B.* virodhe dravye
14. *Ki.* °vināśadvitvavināśe
15. *Ki. om.* dravya°; *L. Ś.* dravyajñānasyābhāvaprasaṅga
16. C. **3.1.8** "Saṃyogi, samavāyi, ekārthasamavāyi, virodhi ca / kāryaṃ kāryāntarasya, kāraṇaṃ kāraṇāntarasya / virodhy *abhūtaṃ bhūtasya* bhūtam abhūtasya abhūtam abhūtasya bhūtaṃ bhūtasya" (R. 3.1.11 "Abhūtaṃ bhūtasya", U. 3.1.12, V. 3.1.13 "Virodhy abhūtaṃ bhūtasya").

tathā guṇavināśe 'pi guṇabuddhimātrād dravyapratyayaḥ[1] syād iti. *Na, viśeṣyajñānatvāt.* [142] Na hi viśeṣyajñānaṃ sārūpyād viśeṣaṇasambandham antareṇa bhavitum arhati. Tathā cāha[2] sūtrakāraḥ — samavāyinaḥ śvaityāc chvaityabuddheḥ śvete buddhis te kāryakāraṇabhūte[3] iti. [143] Na tu laiṅgikaṃ jñānam abhedenotpadyate[4]. Tasmād viṣamo 'yam upanyāsaḥ. *Na, āśūtpatteḥ.* Yathā śabdavad ākāśam ity atra trīṇi jñānāny āśūtpadyante[5] tathā dvitvādijñānotpattāv[6] ity adoṣaḥ.

[144] *Vadhyaghātakapakṣe 'pi samāno doṣa iti cet.* Syān Ny. 300 Vy. 2.48
matam, nanu[7] vadhyaghātakapakṣe 'pi tarhi dravyajñānānutpattiprasaṅgaḥ[8]. Katham? Dvitvasāmānyabuddhisamakālaṃ[9] saṃskārād apekṣābuddhivināśād iti.

[145] *Na, samūhajñānasya saṃskārahetutvāt.* Samūhajñānam[10] eva saṃskārakāraṇaṃ nālocanajñānam ity adoṣaḥ.

[146] *Jñānayaugapadyaprasaṅga iti cet*[11]. Syān matam, nanu jñānānāṃ vadhyaghātakavirodhe jñānayaugapadyaprasaṅga iti[12].

[147] *Na, avinaśyator avasthānapratiṣedhāt*[13]. Jñānāyaugapadyavacanena[14] jñānayor[15] yugapad utpattir avinaśyatoś ca yugapad

1. *B. K. Vy.* dve dravye iti pratyayaḥ
2. *K. Vy. om.* ca
3. C. **8.9** "Samavāyinaḥ śvaityāc chvaityabuddheḥ śvete buddhis te kāryakāraṇabhūte" (R. U. 8.1.9 "Samavāyinaḥ śvaityāc chvaityabuddheś ca śvete buddhis ta ete kāryakāraṇabhūte", V. 8.1.8 *om.* ete). *L.* śvetabuddhis te kāryyakāraṇe; *Ś.* °buddheś ca śvetabuddhiḥ. Tatra te kāryakāraṇabhūtā
4. *B. K. Vy.* °padyata iti; *Ś.* Na tu liṅgajñānam abhedenotpadyate iti. Kin tu sādhyasādhanabhedena.
5. *Ś.* trīṇi liṅgajñānāny utpadyante
6. *Ki.* dvitvājñānotpattāv; *Ś.* dvitvajñānotpattir
7. *Ś. om.* nanu
8. *B.* tarhi jñānānutpattiprasaṅgaḥ
9. *Ki. L. Ny. om.* Dvitva°
10. *L.* sahajñānam
11. *L.* jñānayaugapadye na vacanaṃ na yaugapadyaprasaṅga iti cet
12. *B.* iti cet
13. *L.* nāvinaśyato 'navasthānapratiṣedhāt; *Ś.* Avinaśyator yugapad ava°
14. **3.2.3**, *see note 5 on page 17.* *Ki.* °vacane (*Kiraṇāvalī*: °vacanena); *L.* °yaugapadyasya bacanena
15. *L. & Nyāyakandalī om.* jñānayor

avasthānaṃ pratiṣidhyate[1]. Na hi vadhyaghātakavirodhe jñānayor yugapad utpattir avinaśyatoś ca yugapad avasthānam astīti.

[2.6. Parimāṇaprakaraṇam]

B. 210-21 D. 130-13 Ḍh. 54-59 Jh. 314-33 K. 471-47 Ki. 136-14 L. 15-16 M. 86-94 Ny. 327-3 Ś. 29-30 Vy. 2.50-5

[148] Parimāṇaṃ mānavyavahārakāraṇam. [149] Tac caturvidham — aṇu mahad dīrghaṃ hrasvaṃ ceti. [150] Tatra mahad dvividhaṃ, nityam anityaṃ ca[2]. Nityam ākāśakāladigātmasu paramamahattvam. Anityaṃ tryaṇukādāv eva. [151] Tathā cāṇv[3] api dvividhaṃ, nityam anityaṃ ca. Nityaṃ[4] paramāṇumanaḥsu. Tat[5] pārimāṇḍalyam. Anityaṃ dvyaṇuka eva. [152] Kuvalāmalakabilvādiṣu[6] mahatsv api tatprakarṣabhāvābhāvam apekṣya bhākto 'ṇutvavyavahāraḥ[7]. [153] Dīrghatvahrasvatve cotpādyamahadaṇutvaikārthasamavete[8]. [154] Samidikṣuvaṃśādiṣv añjasā dīrgheṣv api tatprakarṣabhāvābhāvam[9] apekṣya bhākto hrasvatvavyavahāraḥ[10].

[155] Anityaṃ caturvidham api saṃkhyāparimāṇapracayayoni[11]. [156] Tatreśvarabuddhim apekṣyotpannā paramāṇudvyaṇukeṣu bahutvasaṃkhyā tair ārabdhe kāryadravye tryaṇukādilakṣaṇe[12] rūpādyutpattisamakālaṃ mahattvaṃ dīrghatvaṃ ca karoti. Dvibahubhir mahadbhiś cārabdhe[13] kāryadravye[14] kāraṇamahattvāny eva mahattvam ārabhante na bahutvam. Samānasaṃkhyaiś cārabdhe[15]

1. *L. reads* astīti *and om. the next sentence*
2. *Ś. om.* nityam anityaṃ ca
3. *Ki. Ś.* Tathā 'ṇv; *L.* Tathā evam
4. *L. om.* Nityaṃ
5. *K. Ḍh. Vy.* tat tu; *Ki. L. om.* tat; *Ś.* tac ca
6. *B. D. Ḍh. Jh. K. Vy.* Kuvalayāmalakabilvādiṣu
7. *Ki. L. Ny. Ś. Vyomavatī*: 'ṇuvyavahāraḥ
8. *Jh.* cotpādye mahad°; *Ki. L.* tūtpādya° (*Kiraṇāvalī*: °mahattvāṇutv° (?)); *Ś.* dīrghahrasvatve utpādyamahadaṇutvaikārthe samavete
9. *L.* yatprakarṣabhāvam; *Ś.* tatrotkarṣa°
10. *Ki. L. Ś.* hrasvavyavahāraḥ.
11. *Ś.* °yoniḥ
12. *Vy.* tryaṇukādilakṣaṇe kāryadravye; *Ki.* tryaṇukādivilakṣaṇe
13. *L. Ś. & Nyāyakandalī*: °bhir ārabdhe
14. *Ki. om.* kāryadravye
15. *L. Ś.* °khyair ārabdhe

’tiśayadarśanāt. [157] Pracayaś ca[1] tūlapiṇḍayor vartamānaḥ Ny. 337
piṇḍārambhakāvayavapraśithilasaṃyogān[2] apekṣamāṇa[3] itaretarapiṇḍāvayavasaṃyogāpekṣo vā dvitūlake mahattvam ārabhate na bahutvamahattvāni[4]. Samānasaṃkhyāpalaparimāṇair[5] ārabdhe ’tiśayadarśanāt[6]. Dvitvasaṃkhyā cāṇvor vartamānā dvyaṇuke ’ṇutvam ārabhate. [158] Mahattvavat tryaṇukādau[7] kāraṇabahutvamahattvasamānajātīyapracayebhyo[8] dīrghatvasyotpattiḥ. Aṇutvavad dvyaṇuke[9] dvitvasaṃkhyāto hrasvatvasyotpattiḥ. [159] Atha tryaṇukādiṣu vartamānayor mahattvadīrghatvayoḥ parasparataḥ ko viśeṣaḥ dvyaṇukeṣu[10] cāṇutvahrasvatvayor[11] iti. Tatrāsti mahattvadīrghatvayoḥ[12] parasparato viśeṣaḥ[13] mahatsu dīrgham ānīyatāṃ dīrgheṣu ca mahad ānīyatām iti viśiṣṭavyavahāradarśanād[14] iti[15]. Aṇutvahrasvatvayos tu[16] parasparato viśeṣas taddarśināṃ pratyakṣa iti. [160] Tac[17] caturvidham api parimāṇam[18] utpādyam āśrayavināśād[19] eva vinaśyatīti.

---

1. *D.* Pracaya tūla° (?) (*Nyāyakandalī as text*); *Ś.* pracayas tūla°
2. *L. Ś. om.* °avayava°
3. *B.* °saṃyogāpekṣamāṇa; *L. Ś. Vy.* °saṃyogāpekṣa
4. *B.* bahutvāni; *Ś. & Kiraṇāvalī*: bahutvamahattve
5. *Ś.* Samānasaṃkhyaparimāṇair (?)
6. *Ś.* °darśanād iti
7. *Ki. om.* tryaṇukādau
8. *L.* kāraṇamahatvabahutva°; *Ś. om.* °mahattva°
9. *Ś.* Tryaṇukavad dvyaṇuke
10. *Ki. Ś. & Vyomavatī*: dvyaṇuke
11. *Ś.* vā aṇu°
12. *Ki.* °dīrghatayoḥ
13. *L. om.* dvyaṇukeṣu cāṇutvahrasvatvayor iti. Tatra asti mahattvadīrghatvayoḥ parasparato viśeṣaḥ
14. *Ki. L. Ś. om.* viśiṣṭa°
15. *Ś. om.* iti
16. *Ś. om.* tu
17. *Ki. L. Ny. Ś. Vy.* Etac
18. *Ś. om.* api parimāṇam
19. *L.* svādhāravināśād

[2.7. Pṛthaktvaprakaraṇam] B. 218-2

[161] Pṛthaktvam apoddhāravyavahārakāraṇam[1]. [162] Tat D. 138 Ḍh. 59
punar ekadravyam anekadravyaṃ ca. [163] Tasya tu nityānityatva- Jh. 332 K. 480
niṣpattayaḥ[2] saṃkhyayā[3] vyākhyātāḥ. [164] Etāvāṃs tu viśeṣaḥ — Ki. 141- L. 16
ekatvādivad ekapṛthaktvādiṣv aparasāmānyābhāvaḥ[4] saṃkhyayā[5] M. 95 Ny. 343
tu viśiṣyate[6] tadviśiṣṭavyavahāradarśanād iti[7]. Vy. 2.59

[2.8. Saṃyogaprakaraṇam] B. 220-2 D. 139-1

[165] Saṃyogaḥ saṃyuktapratyayanimittam. [166] Sa ca dravya- Ḍh. 61-6 Jh. 335-3
guṇakarmahetuḥ. [167] Dravyārambhe nirapekṣas tathā[8] bhavatīti K. 483-4
sāpekṣebhyo nirapekṣebhyaś ceti[9] vacanāt. Guṇakarmārambhe[10] tu Ki. 143- L. 16-18
sāpekṣaḥ saṃyuktasamavāyād agner vaiśeṣikam[11] iti vacanāt. [168] M. 97-10 Ny. 346-
Atha[12] kathaṃlakṣaṇaḥ katividhaś ceti? Aprāptayoḥ prāptiḥ Ś. 30-32 Vy. 2.64
saṃyogaḥ. Sa ca[13] trividhaḥ — anyatarakarmajaḥ ubhayakarmajaḥ saṃyogajaś ca[14]. [169] Tatrānyatarakarmajaḥ[15] kriyāvatā niṣkriyasya. Yathā sthāṇoḥ śyenena vibhūnāṃ ca mūrtaiḥ[16]. [170] Ubhayakarmajo viruddhadikkriyayoḥ sannipātaḥ. Yathā mallayor

---

1. *L.* upodvāhara°(?)
2. *Ny.* nityatvānityatva° (*Nyāyakandalī as in text*); *Ś.* nityānityaniṣpattayaḥ
3. *L.* saṃkhyāyā
4. *B.* ekapṛthaktvādisāmānyābhāvaḥ; *Ki. L. Ny.* ekapṛthaktvādyapara°; *Ś.* ekapṛthaktvādyaparasāmānyabhāvaḥ
5. *L.* saṃkhyā
6. *Ś.* saṃkhyayānuviśiṣyate (?)
7. *Ś. om.* iti
8. *L.* yathā
9. C. S. **10.7** "Tathā bhavatīti sāpekṣebhyo 'napekṣebhyaś ca" (R. U. *om.*). *L.* sāpekṣebhyaś ceti; *Ś.* °bhyo 'napekṣebhya iti
10. *Ś.* karmaguṇārambhe
11. C. S. **10.18** "Saṃyuktasamavāyād agner vaiśeṣikam" (R. U. 10.2.7).
12. *L. om.* atha
13. *Ś.* & *Kiraṇāvalī*: tu
14. C. V. **7.2.10** "Anyatarakarmaja ubhayakarmajaḥ saṃyogajaś ca saṃyogaḥ" (R. U. 7.2.9). *B. Ś.* saṃyogajaś ceti; *Ki. Ny.* saṃyogajaś ca saṃyoga iti.
15. *L. om.* anyatarakarmajaḥ
16. *Ś.* vibhūnāṃ mūrtaiḥ saha

meṣayor[1] vā. [171] Saṃyogajas tūtpannamātrasya[2] cirotpannasya vā niṣkriyasya[3] kāraṇasaṃyogibhir akāraṇaiḥ[4] kāraṇākāraṇasaṃyogapūrvakaḥ[5] kāryākāryagataḥ[6] saṃyogaḥ. Sa caikasmād dvābhyāṃ bahubhyaś ca bhavati. [172] Ekasmāt tāvat tantuvīraṇasaṃyogād dvitantukavīraṇasaṃyogaḥ. [173] Dvābhyāṃ tantvākāśasaṃyogābhyām eko[7] dvitantukākāśasaṃyogaḥ[8]. [174] Bahubhyaś ca tantuturīsaṃyogebhya ekaḥ paṭaturīsaṃyogaḥ[9]. [175] Ekasmāc ca dvayor utpattiḥ. Katham? Yadā pārthivāpyayor aṇvoḥ saṃyoge saty anyena pārthivena pārthivasyānyenāpyena[10] cāpyasya[11] yugapat saṃyogau bhavatas tadā tābhyāṃ saṃyogābhyāṃ pārthivāpye dvyaṇuke[12] yugapad ārabhyete. Tato yasmin[13] kāle dvyaṇukayoḥ kāraṇaguṇapūrvakrameṇa[14] rūpādyutpattis tasminn eva kāle itaretarakāraṇākāraṇagatāt saṃyogād[15] itaretarakāryākāryagatau saṃyogau yugapad utpadyete. [176] Kiṃ kāraṇam? Kāraṇasaṃyoginā hy akāraṇena[16] kāryam avaśyaṃ saṃyujyata[17] iti nyāyaḥ[18]. Ataḥ pārthivaṃ dvyaṇukaṃ[19] kāraṇasaṃyoginā ''pyenāṇunā

1. *L.* meghayor
2. *Ś.* °mātrasyaiva
3. *Vy.* akriyasya
4. *L. om.* kāraṇasaṃyogibhir akāraṇaiḥ
5. *Ki. om.* °saṃyoga°; *Kiraṇāvalī as text.*
6. *B.* kāryakāryagataḥ
7. *B. Ki. L. Ś. & Vyomavatī om.* eko
8. *B.* dvitantvākāśasaṃyogaḥ; *Jh.* dvitantukaḥ saṃyogaḥ
9. *B.* ekapaṭa°; *L.* paṭaturisaṃyogaḥ
10. *Jh.* anyena cāpyena; *Ki. Ny. Vyomavatī om.* anyena; *Nyāyakandalī as in text.*
11. *Ś. om.* ca
12. *Ś.* pārthivāpyadvyaṇuke
13. *Ki. Ny. Ś. Vyomavatī*: yasminn eva kāle
14. *L.* °pūrvakakrameṇa
15. *L. om.* itaretarakāraṇākāraṇagatāt saṃyogād; *Ny.* itaretarakāraṇākaraṇasaṃyogād; *Nyāyakandalī as in text.*
16. *Ś. & Kiraṇāvalī om.* akāraṇena
17. *Ś.* avaśyaṃ yujyata
18. *L. om.* iti nyāyaḥ
19. *L. Ś. Vy.* pārthivadvyaṇukaṃ

sambadhyate[1]. Āpyam api dvyaṇukaṃ kāraṇasaṃyoginā[2] pārthiveneti[3]. [177] Atha dvyaṇukayor itaretarakāraṇākāraṇasambaddhayoḥ[4] kathaṃ parasparataḥ sambandha iti[5]? Tayor api saṃyogajābhyāṃ saṃyogābhyāṃ sambandha[6] iti.

[178] *Nāsty ajaḥ saṃyogo*[7] *nityaparimaṇḍalavat*[8] *pṛthag* Jh. 358 Ny. 365
anabhidhānāt. Yathā caturvidhaṃ parimāṇam utpādyam[9] uktvā ''ha nityaṃ parimaṇḍalam[10] ity evam anyatarakarmajādisaṃyogam utpādyam uktvā[11] pṛthaṅ nityaṃ brūyān na tv evam abravīt tasmān nāsty ajaḥ saṃyogaḥ[12]. [179] Paramāṇubhir ākāśādīnāṃ pradeśavṛttir anyatarakarmajaḥ saṃyogaḥ. Vibhūnāṃ tu parasparataḥ saṃyogo[13] nāsti yutasiddhyabhāvāt. [180] Sā punar dvayor anyatarasya vā pṛthaggatimattvaṃ[14] pṛthagāśrayāśrayitvaṃ[15] ceti. [181] Vināśas tu sarvasya saṃyogasyaikārthasamavetād vibhāgāt kvacid āśrayavināśād api[16]. Katham? Yadā[17] tantvoḥ saṃyoge[18] saty anyataratantvārambhake 'ṃśau karmotpadyate tena karmaṇā[19]

1. *Ś.* saṃyujyate
2. *Ś. om.* kāraṇasaṃyoginā
3. *L. om.* pārthiveneti
4. *L.* °sambandhayoḥ; *Nyāyakandalī*: itaretarakāraṇasambaddhayoḥ (*is this a misprint?*)
5. *Jh. Ny. om.* iti
6. *B.* saṃyoga
7. *L. Vy.* nājaḥ saṃyogo 'sti (*misprint in Vy.*: *saṃyoge 'sti*)
8. *Ś.* & *Kiraṇāvalī*: nityapārimāṇḍalyavat; *Nyāyakandalī*: parimaṇḍalavat (*omitting* nitya°)
9. *Ś. om.* utpādyam
10. C. **7.1.26** "Nityaṃ parimaṇḍalaṃ" (R. 7.1.21, U. 7.1.20, V. 7.1.22). *B.* parimaṇḍalyam, *Ś. Vy.* pārimāṇḍalyam
11. C. V. **7.2.10**, *see note 14 on page 28.*
12. *Ś.* tasmān nājaḥ saṃyogo 'stīti
13. *Ś.* parasparasaṃyogo
14. *Nyāyakandalī*: pṛthaggamanaṃ
15. *L. Vy.* °mattvaṃ yutāśrayasamavāyitvaṃ; *Ś.&Kiraṇāvalī*: yutāśrayāśrayitvaṃ
16. *L.* kvacic cāśrayavināśād iti
17. *Ś. om.* Yadā
18. *B. om.* saṃyoge
19. *L. Ś. om.* karmaṇā

'ṃśvantarād vibhāgaḥ kriyate vibhāgāc ca tantvārambhakasaṃyogavināśaḥ saṃyogavināśāt tantuvināśas tadvināśe[1] tadāśritasya[2] tantvantarasaṃyogasya[3] vināśa iti.

B. 230-249
D. 151-154
Ḍh. 66-76
Jh. 363-392
K. 494-497
Ki. 150-163
L. 18-20
M. 107-123
Ny. 369-392
Ś. 32-35
Vy. 2.75-92

[2.9. Vibhāgaprakaraṇam]

[182] Vibhāgo vibhaktapratyayanimittam. Śabdavibhāgahetuś ca. [183] Prāptipūrvikā 'prāptir vibhāgaḥ. Sa ca trividhaḥ[4] — anyatarakarmaja ubhayakarmajo vibhāgajaś ca vibhāga iti[5]. [184] Tatrānyatarakarmajobhayakarmajau saṃyogavat[6]. [185] Vibhāgajas tu dvividhaḥ kāraṇavibhāgāt kāraṇākāraṇavibhāgāc ca. [186] Tatra[7] kāraṇavibhāgāt tāvat kāryāviṣṭe kāraṇe karmotpannaṃ yadā tasyāvayavāntarād[8] vibhāgaṃ karoti na tadā ''kāśādideśāt. Yadā tv[9] ākāśādideśād[10] vibhāgaṃ karoti[11] na tadā 'vayavāntarād iti sthitiḥ. Ato 'vayavakarmāvayavāntarād eva vibhāgam ārabhate[12] tato[13] vibhāgāc ca dravyārambhakasaṃyogavināśaḥ. Tasmin vinaṣṭe kāraṇābhāvāt kāryābhāva[14] ity avayavivināśaḥ. [187] Tadā[15] kāraṇayor vartamāno vibhāgaḥ kāryavināśaviśiṣṭaṃ kālaṃ svatantraṃ vā[16] 'vayavam apekṣya sakriyasyaivāvayavasya kāryasaṃyuktād[17]

---

1. *Ki. Ny.* tadvināśe ca tad°; *L.* tantuvināśe (*omitting* tadvināśe); *Ś.* tantuvināśād
2. *Ś.* tantuvināśād āśritasya
3. *Ki. Ny. om.* tantvantara°
4. *L.* tribidha eva
5. *L. om.* iti; *Ś. om.* vibhāga iti
6. *Kiraṇāvalī adds*: yathā sthāṇoḥ śyenena, yathā mallayor meṣayor vā (*cf.* [169] & [170])
7. *Ki. L. Ś. om.* Tatra
8. *L. Ś. om.* tasya; *Ś.* 'vayavād
9. *Nyāyakandalī*: ca
10. *Ś.* Yādā tv ākāśād
11. *L. om.* vibhāgaṃ karoti
12. *Ś.* ārambhate
13. *Ki. L. Ny. Ś. om.* tato
14. **1.2.1** "Kāraṇābhāvāt kāryābhāvaḥ" (V. *also* 1.1.13-14)
15. *Jh.* Yadā; *Ś.* Tataḥ
16. *L.* kālasvatantraṃ ca
17. *L.* ākāśasaṃyuktād

ākāśādideśād[1] vibhāgam ārabhate na niṣkriyasya kāraṇābhāvāt. Uttarasaṃyogānutpattāv anupabhogyatvaprasaṅgaḥ[2]. [188] Na tu[3] tad avayavakarmākāśādideśād vibhāgaṃ karoti tadārambhakakālātītatvāt[4]. Pradeśāntarasaṃyogaṃ tu[5] karoty eva[6], akṛtasaṃyogasya karmaṇaḥ[7] kālātyayābhāvād iti[8].

[189] Kāraṇākāraṇavibhāgād api katham? Yadā haste karmot- Jh. 372 Ny. 376
pannam avayavāntarād vibhāgam akurvad[9] ākāśādideśebhyo Vy. 2.82
vibhāgān ārabhya pradeśāntare[10] saṃyogān[11] ārabhate tadā te kāraṇākāraṇavibhāgāḥ karma yāṃ diśaṃ prati kāryārambhābhimukhaṃ tām[12] apekṣya kāryākāryavibhāgān ārabhante. Tadanantaraṃ kāraṇākāraṇasaṃyogāc ca[13] kāryākāryasaṃyogān iti. Yadi kāraṇavibhāgānantaraṃ kāryavibhāgotpattiḥ kāraṇasaṃyogānantaraṃ[14] kāryasaṃyogotpattiḥ[15] [190] nanv evam[16] avayavāvayavinor yutasiddhidoṣaprasaṅga iti[17]? Na. Yutasiddhyaparijñānāt. [191] Sā punar dvayor anyatarasya vā pṛthaggatimattvam[18] iyaṃ tu nityānām[19]. Anityānāṃ tu yuteṣv āśrayeṣu samavāyo

1. *Ś.* kālam apekṣya svatantraṃ vāvayavam apekṣya sakriyasyāvayavasya kāryasaṃyuktākāśādideśād
2. *Ś.* °prasaṅgāt
3. *Kiraṇāvalī*: na hi
4. *D. Ḍh. K. Vy.* tadārambhakālātītatvāt. *Accepted reading confirmed by Nyāyakandalī, against Vyomavatī. Ki.* kālātītatvāt. Kālātītatvāt pra°; *Ś.* tadārambhakālasyātītatvāt
5. *Ki.&Nyāyakandalī om.* tu; *Vyomavatī*: Uttarasaṃyogan tu; *Ś.* Tat pradeśā°
6. *Ś. om. eva*
7. *L.* °saṃyogakarmaṇaḥ
8. *Ki. om.* iti, *but Kiraṇāvalī has it.*
9. *L.* antarvad
10. *Nyāyakandalī*: pradeśāntaraiḥ saha
11. *L.* pradeśāntarasaṃyogān; *Ś.* pradeśāntarasaṃyogam
12. *L.* ° mukhatām; *Ś.* kāryābhimukhaṃ tām
13. *Ś.* °saṃyogāś ca
14. *Vy.* °saṃyogāc cānantaraṃ
15. *L. om.* kāraṇasaṃyogānantaraṃ kāryasaṃyogotpattiḥ
16. *Ś. adds* tarhi
17. *L. om.* iti
18. *Nyāyakandalī*: pṛthaggamanam
19. *L. Ś. Kiraṇāvalī & Vyomavatī*: itīyaṃ nityānām

yutasiddhir iti. [192] Tvagindriyaśarīrayoḥ pṛthaggatimattvaṃ[1] nāsti yuteṣv āśrayeṣu samavāyo 'stīti parasparеṇa saṃyogaḥ siddhaḥ[2]. Aṇvākāśayos tv[3] āśrayāntarābhāve 'py[4] anyatarasya pṛthaggatimattvāt saṃyogavibhāgau[5] siddhau. Tantupaṭayor anityayor āśrayāntarābhāvāt[6] parasparataḥ saṃyogavibhāgābhāva iti[7]. Digādīnāṃ tu pṛthaggatimattvābhāvād iti[8] parasparеṇa saṃyogavibhāgābhāva[9] iti.

[193] Vināśas tu sarvasya vibhāgasya kṣaṇikatvād, uttara- B. 242
saṃyogāvadhisadbhāvāt kṣaṇika iti[10]. Na tu[11] saṃyogavad yayor Jh. 382 Ny. 386 Vy. 2.87
eva[12] vibhāgas tayor eva saṃyogād vināśo bhavati. Kasmāt[13]? Saṃyuktapratyayavad vibhaktapratyayānuvṛttyabhāvāt[14]. Tasmād uttarasaṃyogāvadhisadbhāvāt kṣaṇika iti[15]. [194] Kvacic cāśrayavināśād[16] eva[17] vinaśyatīti[18]. Kathaṁ? Yadā dvitantukakāraṇāvayave 'ṃśau karmotpannam aṃśvantarād[19] vibhāgam ārabhate tadaiva tantvantare 'pi[20] karmotpadyate vibhāgāc ca tantvārambhaka-

1. *Nyāyakandalī*: pṛthaggamanam
2. *Ś.* saṃyogasiddhiḥ
3. *L. Ś. om.* tv
4. *Ny. om.* 'py; *Nyāyakandalī as in text.*
5. *L.* saṃyogavināśau
6. *Ś.* anityayoḥ pṛthagāśrayāntarābhāvāt
7. *L. om.* iti; *Ś.* saṃyogavibhāgā iti
8. *Ś. om.* iti
9. *Ś. om.* °vibhāga°
10. *Ki. om.* kṣaṇika iti; *Ś.* vibhāgasyottarasaṃyogāvadhisambhavāt kṣaṇikatvāt
11. *Vyomavatī om.* tu
12. *Ś. om.* eva
13. *Ki. Ś. om.* kasmāt
14. *L. om.* kṣaṇika iti. Na tu saṃyogavad yayor eva vibhāgas tayor eva saṃyogād vināśo bhavati. Kasmāt? Saṃyuktapratyayavad vibhaktapratyayānuvṛttyabhāvāt.
15. *Ś.* °sambhavāt kṣaṇikaḥ
16. *Ki. Ś. Vy. om.* ca; *Vyomavatī has it.*
17. *Ki. Ny. Ś. & Vyomavatī om.* eva
18. *Ś. om.* iti
19. *Ś.* °pannam avayavāntarād
20. *L. Ś. om.* 'pi

saṃyogavināśaḥ tantukarmaṇā[1] tantvantarād vibhāgaḥ kriyata ity ekaḥ kālaḥ. [195] Tato yasminn eva kāle vibhāgāt tantusaṃyoga-vināśas tasminn eva kāle saṃyogavināśāt tantuvināśaḥ. Tasmin vinaṣṭe tadāśritasya tantvantaravibhāgasya[2] vināśa iti.

[196] Evaṃ[3] tarhy uttaravibhāgānutpattiprasaṅgaḥ, kāraṇa- Ny. 388
vibhāgābhāvāt. Tataḥ[4] pradeśāntarasaṃyogavati saṃyogābhāva[5] ity ato virodhiguṇāsambhavāt[6] karmaṇaś cirakālāvasthāyitvaṃ[7] nityadravyasamavetasya[8] ca nityatvam iti doṣaḥ[9]. [197] Katham? Yadā ''pyadvyaṇukārambhakaparamāṇau[10] karmotpannam aṇv-antarād vibhāgaṃ karoti tadaivāṇvantare 'pi[11] karma, tato yasminn eva kāle vibhāgād dravyārambhakasaṃyogavināśas tadaivāṇv-antarakarmaṇā[12] dvyaṇukāṇvor vibhāgaḥ kriyate[13], tato yasminn eva kāle vibhāgād dvyaṇukāṇusaṃyogasya[14] vināśas tasminn eva kāle saṃyogavināśād dvyaṇukasya vināśaḥ[15]. Tasmin vinaṣṭe tad-āśritasya[16] dvyaṇukāṇuvibhāgasya[17] vināśaḥ. Tataś ca virodhi-guṇāsambhavān nityadravyasamavetakarmaṇo nityatvam iti[18].

Tantvaṃśvantaravibhāgād[19] vibhāga ity adoṣaḥ. Āśrayavināśāt Jh. 389 Ny. 390

1. *Ś.* °karmaṇā ca
2. *L. om.* tantvantara°
3. *Ś.* Nanv evaṃ
4. *Ś.* Tataś ca
5. *L. Ś.* pradeśāntarasaṃyogābhāva
6. *L.* viruddha°; *Ś.* °guṇābhāvāt
7. *Ki. Ny.* karmaṇaḥ kālāntarāvasthāyitvaṃ
8. *Ś. om.* °dravya°
9. *L.* ity adoṣaḥ
10. *Ś. Vy. om.* āpya°; *Ki. Ny. Ś.* °ārambhake paramāṇau
11. *Ś. om.* 'pi
12. *L. Ś.* tadaivāṇukarmaṇā
13. *Ś. om.* kriyate
14. *B.* dvyaṇukasaṃyogasya
15. *Ś.* dvyaṇukavināśaḥ
16. *Ś.* tadāśrayasya
17. *L.* tadāśritasya vibhāgasya; *Vyomavatī*: dvyaṇukavibhāgasya
18. *Ś.* °sambhavāt karmaṇo nityatvam. Na.
19. *L.* tantvantaravibhāgād

tantvor[1] eva vibhāgo vinaṣṭo na[2] tantvaṃśvantaravibhāga[3] ity etasmād uttaro vibhāgo jāyate[4] aṅgulyākāśavibhāgāc charīrākāśavibhāgavat[5]. Tasminn eva kāle[6] karma saṃyogaṃ kṛtvā vinaśyatīty adoṣaḥ. [198] Athavā 'ṃśvantaravibhāgotpattisamakālaṃ tasminn eva tantau karmotpadyate tato 'ṃśvantaravibhāgāt[7] tantvārambhakasaṃyogavināśaḥ tantukarmaṇā ca tantvantarād vibhāgaḥ kriyata ity ekaḥ kālaḥ. Tataḥ saṃyogavināśāt tantuvināśas tadvināśāc ca[8] tadāśritayor[9] vibhāgakarmaṇor yugapad[10] vināśaḥ[11]. [199] Tantuvīraṇayor vā saṃyoge sati dravyānutpattau pūrvoktena vidhānenāśrayavināśasaṃyogābhyāṃ[12] tantuvīraṇavibhāgavināśa iti.

[2.10/11. Paratvāparatvaprakaraṇam]

B. 249-257
D. 164-167
Ḍh. 76-83
Jh. 393-420
K. 511-514
Ki. 163-169
L. 20-23
M. 124-136
Ny. 393-401
Ś. 36-39
Vy. 2.93-101

[200] Paratvam aparatvaṃ ca parāparābhidhānapratyayanimittam. [201] Tat tu[13] dvividhaṃ dikkṛtaṃ kālakṛtaṃ ca. Tatra[14] dikkṛtaṃ digviśeṣapratyāyakam[15]. Kālakṛtaṃ ca[16] vayobhedapratyāyakam. [202] Tatra dikkṛtasyotpattir[17] abhidhīyate. Katham? Ekasyāṃ diśy avasthitayoḥ piṇḍayoḥ saṃyuktasaṃyogabahvalpabhāve[18] saty ekasya draṣṭuḥ sannikṛṣṭam avadhiṃ kṛtvā etasmād

1. *L.* tantor
2. *L.* na tu
3. *Vyomavatī*: na tantvantaravibhāga; *Nyāyakandalī*: tantvantaravibhāgas tv avasthita
4. *Ś.* iti. Tasmād uttaro vibhāgaḥ saṃjāyate
5. *Ś.* °vad iti
6. *Ki. Ś.* tasminn utpanne karma; *Ny.* tasmin nu karma
7. *L.* °vibhāgaḥ
8. *Ś. om.* ca
9. *L.* tantvāśritayor
10. *L. om.* yugapad
11. *Ś.* vināśa iti
12. *L.* pūrvoktena krameṇāśraya°
13. *Ki. Ny. Ś. om.* tu; *Kiraṇāvalī om.* Tat tu
14. *Ś. om.* Tatra
15. *Vy.* deśaviśeṣa°
16. *Ś.* & *Nyāyakandalī*: tu
17. *L.* °syotpattim
18. *Ś.* °saṃyoge bahv°

viprakṛṣṭo 'yam iti paratvādhāre 'sannikṛṣṭā[1] buddhir utpadyate. Tatas tām apekṣya pareṇa dikpradeśena[2] saṃyogāt paratvasyotpattiḥ. Tathā[3] viprakṛṣṭaṃ cāvadhiṃ kṛtvaitasmāt[4] sannikṛṣṭo 'yam ity aparatvādhāre[5] itarasmin sannikṛṣṭā[6] buddhir utpadyate. Tatas[7] tām apekṣyāpareṇa dikpradeśena[8] saṃyogād aparatvasyotpattiḥ. [203] Kālakṛtayor api katham? Vartamānakālayor[9] aniyatadigdeśasaṃyuktayor[10] yuvasthavirayo rūḍhaśmaśrukārkaśyavalipalitādisānnidhye[11] saty ekasya draṣṭur yuvānam avadhiṃ kṛtvā sthavire viprakṛṣṭā buddhir utpadyate. Tatas[12] tām apekṣya pareṇa kālapradeśena saṃyogāt paratvasyotpattiḥ. Sthaviraṃ cāvadhiṃ kṛtvā yūni sannikṛṣṭā buddhir utpadyate. Tatas[13] tām apekṣyāpareṇa kālapradeśena saṃyogād[14] aparatvasyotpattir iti[15]. [204] Vināśas tv apekṣābuddhisaṃyogadravyavināśāt[16]. Apekṣābuddhivināśāt[17] tāvad utpanne paratve yasmin[18] kāle sāmānyabuddhir[19] utpannā bhavati tato 'pekṣābuddher vinaśyattā[20] sāmānyajñānatatsambandhebhyaḥ[21] paratvaguṇabuddher utpadyamānatety[22] ekaḥ

1. *L. Ś.* viprakṛṣṭā
2. *Ś.* digdeśena
3. *Ki. L. Ny. Ś. om.* Tathā
4. *L.* cāvadhiṃ kṛtyāparasmāt (?)
5. *Ki. Ny. Ś. om.* etasmāt sannikṛṣṭo 'yam ity aparatvādhāre
6. *L.* nikṛṣṭā; *Ś.* tasmin sannikṛṣṭabuddhir
7. *L. om.* tatas
8. *L. Ś.* & *Kiraṇāvalī*: digdeśena
9. *L.* & *Kiraṇāvalī*: vartamānayoḥ
10. *Vy.* °digdeśa[saṃyukta]yor; *Ś. Kiraṇāvalī, Nyāyakandalī & Vyomavatī*: aniyatadigdeśayoḥ
11. *Ś.* °valī°
12. *Ś. om.* Tatas
13. *L.* tadā; *Ś. om.* tatas
14. *Vyomavatī*: yogād
15. *L. om.* iti; *Ś.* paratvasyotpattir iti
16. *K. L. Ś. Vy.* °dravyanāśāt
17. *Ś.* °buddhināśāt
18. *Ki.* tasminn eva kāle; *Ny.* yasminn eva kāle
19. *Ki.* sāmānye buddhir
20. *L.* °buddhivinaśyatā
21. *Vy.* sāmānyatajjñāna°
22. *L.* utpadyateti

kālaḥ. Tato 'pekṣābuddher vināśo guṇabuddheś cotpattiḥ tato 'pekṣābuddhivināśād guṇasya vinaśyattā guṇajñānatatsambandhebhyo[1] dravyabuddher utpadyamānatety ekaḥ kālaḥ. Tato dravyabuddher utpattir guṇasya vināśa iti[2]. [205] Saṃyogavināśād api katham? Apekṣābuddhisamakālam eva paratvādhāre[3] karmotpadyate tena karmaṇā[4] dikpiṇḍavibhāgaḥ kriyate apekṣābuddhitaḥ[5] paratvasyotpattir[6] ity ekaḥ kālaḥ. Tataḥ sāmānyabuddher utpattiḥ dikpiṇḍasaṃyogasya ca[7] vināśaḥ. Tato yasmin[8] kāle guṇabuddhir[9] utpadyate tasminn eva kāle dikpiṇḍasaṃyogavināśād guṇasya vināśaḥ. [206] Dravyavināśād api katham? Paratvādhārāvayave karmotpannaṃ yasminn eva[10] kāle 'vayavāntarād[11] vibhāgaṃ karoti tasminn eva kāle[12] 'pekṣābuddhir utpadyate. Tato vibhāgād yasminn eva kāle saṃyogavināśas tasminn eva kāle paratvam utpadyate. Tataḥ saṃyogavināśād dravyavināśas[13] tadvināśāc[14] ca tadāśritasya[15] guṇasya vināśaḥ. [207] Dravyāpekṣābuddhyor yugapad vināśād api katham? Yadā paratvādhārāvayave karmotpadyate tadaivāpekṣābuddhir utpadyate karmaṇā cāvayavāntarād[16] vibhāgaḥ kriyate paratvasyotpattir ity ekaḥ kālaḥ. Tato yasminn eva kāle 'vayavavibhāgād dravyārambhakasaṃyogavināśas[17] tasminn eva kāle

1. *L. om.* °tat°
2. *Ki. Ś. om.* iti
3. *Vy.* paratvāparatvādhāre; *Ś.* paratvādhāre piṇḍe
4. *L.* °padyate tatkarmaṇā
5. *L. om.* apekṣābuddhitaḥ
6. *Ś.* paratvotpattir
7. *L. Ś. om.* ca; *Ś.* °saṃyogavināśaḥ
8. *Ś.* yasminn eva
9. *Ny.* paratvaguṇabuddhir; *Nyāyakandalī as text*
10. *Ki. Ny. om.* eva
11. *Ś.* 'vayavād
12. *L. adds* saṃyogavināśaḥ tasminn eva kāle
13. *Ś. adds* sāmānyabuddheś cotpattiḥ
14. *Ny.* dravyanāśāc ca; *Nyāyakandalī*: dravyavināśāt
15. *Ki.* dravyavināśaḥ dravyavināśāt tadāśritasya
16. *L.* tadāvayavā°; *Ś.* cāvayavād
17. *L. Ś.* kāle vibhāgāt saṃyogavināśas

sāmānyabuddhir utpadyate. Tadanantaraṃ saṃyogavināśād dravyavināśaḥ[1] sāmānyabuddheś cāpekṣābuddhivināśa[2] ity ekaḥ kālaḥ. Tato dravyāpekṣābuddhyor[3] vināśāt paratvasya vināśaḥ. [208] Dravyasaṃyogavināśād api katham? Yadā paratvādhārāvayave[4] karmotpannam avayavāntarād[5] vibhāgaṃ karoti tasminn eva kāle piṇḍakarmāpekṣābuddhyor yugapad utpattiḥ. Tato yasminn eva kāle paratvasyotpattis tasminn eva kāle vibhāgād dravyārambhakasaṃyogavināśaḥ piṇḍakarmaṇā dikpiṇḍasya ca vibhāgaḥ[6] kriyata ity ekaḥ kālaḥ[7]. Tato yasminn eva kāle sāmānyabuddhir utpadyate tasminn eva kāle dravyārambhakasaṃyogavināśāt piṇḍavināśaḥ piṇḍavināśāc ca piṇḍasaṃyogavināśaḥ[8]. Tato guṇabuddhisamakālaṃ[9] piṇḍadikpiṇḍasaṃyogavināśāt[10] paratvasya vināśaḥ[11]. [209] Saṃyogāpekṣābuddhyor yugapad vināśād api katham? Yadā paratvam utpadyate tadā[12] paratvādhāre karma[13]. Tato yasminn eva kāle paratvasāmānyabuddhir[14] utpadyate tasminn

1. *Ś.* saṃyoganāśād dravyanāśaḥ
2. *L.* °buddher apekṣābuddhināśa
3. *Ś.* *adds* yugapad
4. *L.* *om.* °ādhāra°; *Ś.* dravyāvayave
5. *L.* avayavād
6. *Ki. Ny. Ś.* piṇḍakarmaṇā ca dikpiṇḍavibhāgaḥ; *L.* piṇḍakarmaṇā dikpiṇḍavibhāgaḥ
7. *L. Ś. om.* ity ekaḥ kālaḥ
8. *Ki.* piṇḍavināśo vibhāgāc ca dikpiṇḍasaṃyogavināśaḥ; *L.* utpadyate tatsamānakālaṃ saṃyogavināśāt piṇḍavināśaḥ tadvināśāc ca piṇḍasaṃyoganāśaḥ; *Ś.* utpadyate tatsamakālaṃ saṃyogavināśāt piṇḍavināśaḥ vibhāgāc ca dikpiṇḍasaṃyogavināśaḥ; *Ny.* piṇḍavināśaḥ vināśāc ca piṇḍasaṃyogavināśaḥ. *Nyāyakandalī paraphrases*: dikpiṇḍavibhāgāc ca dikpiṇḍasaṃyogavināśaḥ.
9. *Ki. om.* guṇabuddhisamakālaṃ
10. *Ki. Ny.* piṇḍasaṃyogayor vināśāt; *L.* °saṃyogayor vināśāt; *Ś.* piṇḍasaṃyogavināśāt; *Nyāyakandalī as in text*
11. *K. Vy.* nāśaḥ; *Ś.* vināśa iti
12. *Ki. Ny. Ś.* tadaiva
13. *L.* paratvādhārakarmma
14. *Ki.* paratvasāmānye jñānam; *Ny.* paratvasāmānyajñānam

eva kāle piṇḍakarmaṇā dikpiṇḍavibhāgaḥ kriyate. Tataḥ sāmānyabuddhito 'pekṣābuddhivināśo[1] vibhāgāc ca dikpiṇḍasaṃyogavināśa[2] ity ekaḥ kālaḥ. Tataḥ[3] saṃyogāpekṣābuddhivināśāt[4] paratvasya vināśaḥ. [210] Trayāṇāṃ samavāyyasamavāyinimittakāraṇānāṃ[5] yugapad[6] vināśād api katham? Yadā 'pekṣābuddhir utpadyate tadā[7] piṇḍāvayave[8] karma. Tato yasminn eva kāle karmaṇā[9] 'vayavāntarād vibhāgaḥ kriyate 'pekṣābuddheḥ[10] paratvasya cotpattis[11] tasminn eva kāle piṇḍe 'pi karma[12]. Tato 'vayavavibhāgāt[13] piṇḍārambhakasaṃyogavināśaḥ piṇḍakarmaṇā ca dikpiṇḍavibhāgaḥ kriyate sāmānyabuddheś cotpattir[14] ity ekaḥ kālaḥ. Tataḥ[15] saṃyogavināśāt piṇḍavināśaḥ[16] vibhāgāc ca dikpiṇḍasaṃyogavināśaḥ[17] sāmānyajñānād[18] apekṣābuddher vināśa ity etat sarvaṃ[19] yugapat trayāṇāṃ samavāyyasamavāyinimittakāraṇānāṃ[20] vināśāt paratvasya vināśa iti.

---

1. *L.* °buddhināśo
2. *Ś.* °saṃyoganāśa
3. *Ś.* Tataś ca
4. *L.* saṃyogavināśād apekṣābuddhināśāt; *Vy.* °buddhyor vināśāt
5. *L. Ś.* °nimittānāṃ
6. *L. om.* yugapad
7. *B. om.* tadā; *L. Ny. Ś.* tadaiva
8. *Ki. Nyāyakandalī*: tadaiva piṇḍāvayave 'pi
9. *Ś. om.* karmaṇā
10. *Ki. L. Ny. Ś. om.* apekṣābuddheḥ; *Nyāyakandalī*: apekṣābuddheś ca paratvasyotpattiḥ
11. *Ś. om.* ca
12. *Ś.* piṇḍakarma
13. *L. Ś.* tato vibhāgāt
14. *Ś. om.* ca
15. *Ś.* Tataś ca
16. *L.* piṇḍanāśaḥ
17. *Ki. om.* vibhāgāc ca dikpiṇḍasaṃyogavināśaḥ
18. *Nyāyakandalī*: °jñānāc ca
19. *Ś.* iti. Ity evaṃ yuga°
20. *L. Ś.* °nimittānāṃ

[2.12 Buddhiprakaraṇam] B. 258-34 D. 171-25

[211] Buddhir upalabdhir jñānaṃ pratyaya iti paryāyāḥ. Ḍh. 83-12 Jh. 410-63

[212] Sā cānekaprakārā 'rthānantyāt pratyarthaniyatatvāc ca. K. 520-62

Tasyāḥ saty apy anekavidhatve samāsato dve vidhe[1] — vidyā Ki. 170-24 L. 23-32
cāvidyā ceti[2]. M. 136-21 Ny. 402-6 Ś. 39-50

[2.12.1 Avidyāprakaraṇam] Vy. 2.102-

[213] Tatrāvidyā caturvidhā saṃśayaviparyayānadhyavasāyasvapnalakṣaṇā[3]. B. 261

[a. Saṃśayaprakaraṇam] D. 174 Ḍh. 85

[214] Saṃśayas tāvat prasiddhānekaviśeṣayoḥ[4] sādṛśyamātra- Jh. 411 K. 534
darśanād ubhayaviśeṣānusmaraṇād adharmāc ca kiṃ svid[5] ity Ki. 172 L. 23
ubhayāvalambī vimarśaḥ[6] saṃśayaḥ. [215] Sa ca dvividhaḥ — M. 140
antar bahiś ca[7]. [216] Antas tāvad ādeśikasya[8] samyaṅ mithyā Ny. 405 Ś. 39
coddiśya punar ādiśatas triṣu kāleṣu saṃśayo bhavati kiṃ nu[9] Vy. 2.117
samyaṅ mithyā veti. [217] Bahir[10] dvividhaḥ — pratyakṣaviṣaye cāpratyakṣaviṣaye ca. [218] Tatrāpratyakṣaviṣaye tāvat sādhāraṇaliṅgadarśanād ubhayaviśeṣānusmaraṇād adharmāc ca[11] saṃśayo bhavati, yathā 'ṭavyāṃ viṣāṇamātradarśanād gaur gavayo veti. [219] Pratyakṣaviṣaye 'pi sthāṇupuruṣayor ūrdhvatāmātrasādṛśyadarśanād[12] vakrādiviśeṣānupalabdhitaḥ[13] sthāṇutvādisāmānya-

1. *Ki. Ś. & Vyomavatī*: dvividhā; *L.* dvidhā
2. *L. Ś. om.* iti
3. *Ś. om.* °svapna°
4. *Ś. adds* sthāṇupuruṣayoḥ
5. *Ki.* kiṃ syāt; *but Kiraṇāvalī has* kiṃsvid. *Vyomavatī cites the phrase with* kiṃsvid, *then paraphrases it with* kiṃ syād.
6. *B. D. Ḍh. K. Vy. & Kiraṇāvalī*: vimarṣaḥ; *Vyomavatī as in text.*
7. *Vy. om. this sentence, no doubt by mistake.*
8. *Nyāyakandalī*: ādeśakasya
9. *Ś. om.* nu
10. *B. Ś. & Kiraṇāvalī*: bahir api
11. *L. om.* ca
12. *Ś. om.* °sādṛśya°
13. *Ś.* vakrakoṭarādivi°; *Vy.* vakr[ā?atā]di°

viśeṣānabhivyaktāv ubhayaviśeṣānusmaraṇād ubhayatrākṛṣyamāṇasyātmanaḥ[1] pratyayo dolāyate kiṃ nu khalv ayaṃ sthāṇuḥ syāt puruṣo veti. B.263

[b. Viparyayaprakaraṇam] D.177 Ḍh.87

[220] Viparyayo 'pi pratyakṣānumānaviṣaya eva bhavati[2]. Jh.423 K.538
[221] Pratyakṣaviṣaye tāvat prasiddhānekaviśeṣayoḥ pittakaphā- Ki.174
nilopahatendriyasyāyathārthālocanād[3] asannihitaviṣayajñānaja- L.24 M.143
saṃskārāpekṣād[4] ātmamanasoḥ saṃyogād adharmāc cātasmiṃs[5] Ny.416 Ś.40
tad iti pratyayo viparyayaḥ, yathā gavy evāśva iti. [222] Asaty api Vy.2.121
pratyakṣe pratyakṣābhimāno bhavati, yathā vyapagataghanapaṭalam[6] acalajalanidhisadṛśam[7] ambaram, añjanacūrṇapuñjaśyāmaṃ[8] śārvaraṃ tama iti. Anumānaviṣaye 'pi bāṣpādibhir dhūmābhimatair vahnyanumānaṃ[9] gavayaviṣāṇadarśanāc[10] ca gaur iti. Trayīdarśanaviparīteṣu śākyādidarśaneṣv idaṃ śreya iti mithyāpratyayaḥ viparyayaḥ[11], śarīrendriyamanaḥsv ātmābhimānaḥ, kṛtakeṣu nityatvadarśanaṃ, kāraṇavaikalye kāryotpattijñānaṃ, hitam upadiśatsv ahitam iti jñānam[12], ahitam upadiśatsu hitam iti jñānam[13].

---

1. *Ś. L.* ubhayata ākṛṣya°
2. *L.* eveti
3. *Ś.* °driyasya saṃpraty yathā°
4. *Ki.* °apekṣāya; *L.* saṃpraty asanni°; *Ś.* °viṣayavijñānaja°
5. *Ki.* cāsmin na tad, *but Kiraṇāvalī as in text.*
6. *Ś.* Yathāpagata°
7. *L. Vy.* °nidhisadṛśavapur; *Ki*: acalājalanidhi°
8. *Ny.* °śāmaṃ (*Nyāyakandalī as text*); *Ś. om.* °cūrṇa°
9. *Ki.* agnyanumānam.
10. *Jh. om.* °viṣāṇa°
11. *Ki. L. om.* viparyayaḥ
12. *L. om.* iti jñānam
13. *L. om.* jñānam; *Ś. om.* jñānam, ahitam upadiśatsu hitam iti jñānam

[c. Anadhyavasāyaprakaraṇam] B.269

[223] Anadhyavasāyo 'pi pratyakṣānumānaviṣaya eva[1] D.182 Ḍh.90
saṃjāyate. [224] Tatra pratyakṣaviṣaye tāvat prasiddhārtheṣv Jh.434 K.546
aprasiddhārtheṣu vā[2] vyāsaṅgād arthitvād[3] vā kim[4] ity ālocana- Ki.178 L.24
mātram anadhyavasāyaḥ. Yathā vāhīkasya panasādiṣv anadhyavasāyo M.147 Ny.427
bhavati. Tatra[5] sattādravyatvapṛthivītvavṛkṣatvarūpavattvādiśākhādy- Ś.40
apekṣo[6] 'dhyavasāyo bhavati[7]. Panasatvam api panaseṣv anuvṛttam Vy.2.130
āmrādibhyo[8] vyāvṛttaṃ pratyakṣam eva kevalaṃ tūpadeśābhāvād[9]
viśeṣasaṃjñāpratipattir na bhavati. [225] Anumānaviṣaye 'pi
nārikeladvīpavāsinaḥ[10] sāsnāmātradarśanāt[11] ko nu khalv ayaṃ[12]
prāṇī syād ity anadhyavasāyo bhavati.

[d. Svapnaprakaraṇam] B.271 D.183

[226] Uparatendriyagrāmasya pralīnamanaskasyendriya- Ḍh.91 Jh.436
dvāreṇaiva[13] yad anubhavanaṃ mānasaṃ tat svapnajñānam. [227] K.548 Ki.179
Katham? Yadā buddhipūrvād[14] ātmanaḥ śarīravyāpārād ahani L.25 M.149
khinnānāṃ prāṇināṃ[15] niśi viśramārtham[16] āhārapariṇāmārthaṃ Ny.429
vā[17] 'dṛṣṭakāritaprayatnāpekṣād ātmāntaḥkaraṇasambandhān[18] Ś.41 Vy.2.132

---

1. *Vy.* (eva); *Ś. Nyāyakandalī & Vyomavatī om.* eva
2. *L. om.* vā
3. *Ny. Ś.* anarthitvād; *Vy. Vyomavatī*: [an]arthitvād; *Kiraṇāvalī reads* anarthitvāc ca.
4. *Ny.* kim idam ity
5. *Ny.* Tatra hi
6. *K.* °vṛkṣatvādiśā°; *Ś.* °vṛkṣatvarūpavacchā°; *Vy.* °vṛkṣatva(rūpādiḥ) śā°; *Vyomavatī* °vṛkṣatvarūpādiśā°
7. *Ki. Ny. Ś.* adhyavasāya eva.
8. *Ki.* anuvṛttamātram āmādibhyo
9. *L.* rūpa°
10. *L.* nārakora°; *Nyāyakandalī*: nālikera°
11. *Ś.* sāsnādimātra°
12. *Vy. Kiraṇāvalī, Nyāyakandalī & Vyomavatī*: khalv atra
13. *Ś. Vy.* dvāreṇeva
14. *Ś. & Kiraṇāvalī*: °pūrvakād
15. *B. Ki. Ny. Ś.* khinnasya prāṇino
16. *B. K. Ki. Ny. Ś. Vy.* viśrāmārtham
17. *B. Nyāyakandalī*: cā
18. *Ki. Ny.* °saṃyogān

manasi kriyāprabandhād[1] antarhṛdaye nirindriya ātmapradeśe[2] niścalaṃ manas tiṣṭhati tadā pralīnamanaska ity ākhyāyate. Pralīne[3] ca tasminn uparatendriyagrāmo bhavati. Tasyām avasthāyāṃ prabandhena prāṇāpānasantānapravṛttāv ātmamanaḥsaṃyogaviśeṣāt svāpākhyāt saṃskārāc cendriyadvāreṇaivāsatsu[4] viṣayeṣu pratyakṣākāraṃ svapnajñānam[5] utpadyate. [228] Tat tu trividham — saṃskārapāṭavād dhātudoṣād adṛṣṭāc ca. [229] Tatra[6] saṃskārapāṭavāt tāvat — kāmī kruddho vā yadā yam[7] artham ādṛtaś cintayan svapiti tadā saiva cintāsantatiḥ pratyakṣākārā saṃjāyate. [230] Dhātudoṣād vātaprakṛtis taddūṣito[8] vā ''kāśagamanādīn[9] paśyati. Pittaprakṛtiḥ pittadūṣito vā[10] 'gnipraveśakanakaparvatādīn[11] paśyati. Śleṣmaprakṛtiḥ śleṣmadūṣito vā saritsamudrapratarahimaparvatādīn[12] paśyati[13]. [231] Yat[14] svayam anubhūteṣv ananubhūteṣu vā prasiddhārtheṣv aprasiddhārtheṣu[15] vā yac chubhāvedakaṃ[16] gajārohaṇacchattralābhādi tat sarvaṃ saṃskāradharmābhyāṃ bhavati. Viparītaṃ ca[17] tailābhyañjanakharoṣṭrārohaṇādi[18] tat sarvam adharmasaṃskārābhyāṃ[19] bhavati. Atyantāprasiddhārtheṣv adṛṣṭād

1. *L.* °sambandhād
2. *Ki. Ny.* ātmapradeśe yadā niścalaṃ
3. *L.* pratīyate
4. *Vy.* °dvāreṇeva asatsu; *Ś.* °dvāreṇeva asatsv api
5. *Ś. om.* svapna°
6. *L. om.* tatra
7. *Ś.* yadā yad
8. *Ki. Ś. Nyāyakandalī*: vātaprakṛtir vātadūṣito vā; *Ny.* vātaprakṛtivātadūṣito vā
9. *Ki. Ny. Ś.* °gamanādīni
10. *L. om.* ākāśagamanādīn paśyati pittaprakṛtiḥ pittadūṣito vā
11. *Ki. Ny. Ś.* °parvatādīni
12. *Ki.* saritsamudrapratāraṇādīni himaparvatādīn; *L.* saritsamudrahimapratāraṇādīn; *Ś.* saritsamudrahimapratāraṇādīni
13. *Ki. om.* paśyati
14. *Ś.* Adṛṣṭāt yat
15. *L. om.* aprasiddhārtheṣu
16. *Ś.* ananubhūteṣu prasiddheṣv aprasiddheṣu ca śubhā°
17. *Ś.* tu
18. *L. Ś.* tailābhyañjanoṣṭrā°; *Ś.*: *see next*
19. *Ś.* tailābhyañjanoṣṭrārohaṇādisaṃskārādharmābhyāṃ

eveti[1]. [232] Svapnāntikaṃ yady apy uparatendriyagrāmasya bhavati tathāpy atītasya jñānaprabandhasya pratyavekṣaṇāt[2] smṛtir eveti bhavaty eṣā caturvidhā 'vidyeti[3].

[2.12.2 Vidyāprakaraṇam]

[233] Vidyāpi caturvidhā. Pratyakṣalaiṅgikasmṛtyārṣalakṣaṇā.

[a. Pratyakṣaprakaraṇam]

a. Pratyak prakaraṇa
B. 276-28
D. 186-18
Ḍh. 94-99
Jh. 441-4
K. 552-55
Ki. 183-1
L. 25-26
M. 153-1
Ny. 433-4
Ś. 42-44
Vy. 2.137

[234] Tatrākṣam akṣaṃ sotpadyata iti pratyakṣaṃ[4]. Akṣāṇīndriyāṇi ghrāṇarasanacakṣustvakchrotramanāṃsi ṣaṭ[5]. [235] Tad dhi dravyādiṣu padārtheṣūtpadyate[6]. Dravye tāvat trividhe[7] mahaty anekadravyavattvodbhūtarūpaprakāśacatuṣṭayasannikarṣād[8] dharmādisāmagrye ca svarūpālocanamātram[9]. Sāmānyaviśeṣadravyaguṇakarmaviśeṣaṇāpekṣād ātmamanaḥsannikarṣāt pratyakṣam utpadyate — sad dravyaṃ pṛthivī[10] viṣāṇī śuklo gaur gacchatīti. [236] Rūparasagandhasparśeṣv anekadravyasamavāyāt[11] svagataviśeṣāt svāśrayasannikarṣān niyatendriyanimittam utpadyate[12]. [237] Śabdasya trayasannikarṣāc[13] chrotrasamavetasya tenaivopalabdhiḥ. [238] Saṃkhyāparimāṇapṛthaktvasaṃyogavibhāgaparatvāparatvasnehadravatvavegakarmaṇāṃ[14] pratyakṣadravya-

---

1. *Ki.* Atyantāprasiddhārthatvadṛṣṭād eveti, *but Kiraṇāvalī has* atyantāprasiddheṣu; *L. reads* pratyantāpra° *and om.* iti; *Ś.* atyantāprasiddheṣv adṛṣṭād eva bhavati
2. *Ś.* atītajñānaprabandhasya pra°; *Vy.* atītajñānaprabandhapratyavekṣaṇāt
3. *Ki. om.* iti. *Ś.* eveti caturvidhā bhavaty avidyeti
4. *Ś.* Tatrākṣaṃ pratītya yad utpadyate tat pratyakṣaṃ
5. *Ki. Ś. & Nyāyakandalī om.* ṣaṭ
6. *Ki.* upapadyate; *Ś.* dravyādipadā°
7. *D. Jh. Ny.* dvividhe; *Nyāyakandalī as text.*
8. *Ś. om.* °udbhūta°
9. *L.* °mātraṃ pratyakṣaṃ; *Ś.* ca sati sva°
10. *Ki. om.* pṛthivī, *but Kiraṇāvalī has it.* .
11. *L. Ś.* anekadravyavaddravyasamavāyāt
12. *Ś.* utpadyate jñānam
13. *Ś.* tritayasanni°
14. *L.* °snehavegadravyatvakarmaṇāṃ; *Ś.* °snehavegadravatvakarmaṇāṃ

samavāyāc[1] cakṣuḥsparśanābhyāṃ grahaṇam. [239] Buddhisukhaduḥkhecchādveṣaprayatnānāṃ dvayor ātmamanasoḥ saṃyogād[2] upalabdhiḥ. [240] Bhāvadravyatvaguṇatvakarmatvādīnām upalabhyādhārasamavetānām[3] āśrayagrāhakair[4] indriyair grahaṇam ity etad asmadādīnāṃ[5] pratyakṣam. [241] Asmadviśiṣṭānāṃ tu yogināṃ yuktānāṃ yogajadharmānugṛhītena[6] manasā svātmāntarākāśadikkālaparamāṇuvāyumanaḥsu[7] tatsamavetaguṇakarmasāmānyaviśeṣeṣu[8] samavāye cāvitathaṃ svarūpadarśanam[9] utpadyate. [242] Viyuktānāṃ punaś catuṣṭayasannikarṣād yogajadharmānugrahasāmarthyāt[10] sūkṣmavyavahitaviprakṛṣṭeṣu pratyakṣam utpadyate[11]. [243] Tatra sāmānyaviśeṣeṣu[12] svarūpālocanamātraṃ pratyakṣaṃ pramāṇaṃ, prameyā dravyādayaḥ padārthāḥ, pramātā ''tmā, pramitir dravyādiviṣayaṃ jñānam. [244] Sāmānyaviśeṣajñānotpattāv avibhaktam ālocanamātraṃ pratyakṣaṃ pramāṇam asmin nānyat[13] pramāṇāntaram[14] asti aphalarūpatvāt[15]. [245] Athavā sarveṣu padārtheṣu catuṣṭayasannikarṣād avitatham avyapadeśyaṃ yaj jñānam[16] utpadyate tat pratyakṣaṃ pramāṇaṃ, prameyā dravyādayaḥ padārthāḥ, pramātā ''tmā, pramitir guṇadoṣamādhyasthyadarśanam[17] iti.

---

1. *L.* °samavāyaś; *Ś.* °vāyāt āśrayadravyavac
2. *Ki. Ny. Ś.* sannikarṣād; *Nyāyakandalī as text.*
3. *L.* u[pa]labdhyādhāra°
4. *Ś.* & *Kiraṇāvalī*: svāśrayagrāhakair
5. *L.* ātmakādīnāṃ
6. *L. om.* °ja°
7. *Ś.* °kālavāyuparamāṇumanassu
8. *L. Ś.* tatsamaveteṣu guṇa°
9. *Ś.* cāvitathasvarūpa°
10. *Ś.* °grahaṇasāmarthyāt
11. *Ś.* °kṛṣṭeṣu artheṣu pratyayam utpadyate jñānam
12. *Ś.* Tatra dravyaguṇakarmasāmānyaviśeṣeṣu
13. *Ś. Nyāyakandalī & Vyomavatī*: na tasminn anyat; *Ny.* na tasmin pra°
14. *Ś.* pramāṇam
15. *Ki. om.* asmin nānyat pramāṇāntaram asti aphalarūpatvāt, *but Kiraṇāvalī has it.*; *Ś.* °svarūpatvāt
16. *Vy.* yad avitatham avyapadeśyaṃ jñānam
17. *L. Ś. Vy.* °mādhyastha°

[b.0. Anumānaprakaraṇam] b. Anum prakaraṇ

[246] Liṅgadarśanāt saṃjāyamānaṃ laiṅgikam. B. 289-3

[247] Liṅgaṃ punaḥ D. 200-2 Ḍh. 99-1

Yad anumeyena sambaddhaṃ prasiddhaṃ ca tadanvite Jh. 476-6 K. 562-6
Tadabhāve ca nāsty eva tal liṅgam anumāpakam Ki. 193-2 L. 26-32
Viparītam ato[1] yat syād ekena dvitayena vā M. 162-2 Ny. 465-
Viruddhāsiddhasandigdham aliṅgaṃ kāśyapo 'bravīt. Ś. 44-49

[248] Yad anumeyenārthena deśaviśeṣe kālaviśeṣe vā[2] sahacaritam[3], anumeyadharmānvite cānyatra[4] sarvasminn ekadeśe vā[5] prasiddham, anumeyaviparīte ca sarvasmin pramāṇato 'sad eva tad aprasiddhārthasyānumāpakaṃ[6] liṅgaṃ bhavatīti[7]. Vy. 2.14

[249] Yat tu yathoktāt trirūpāl[8] liṅgād ekena dharmeṇa dvābhyāṃ vā[9] viparītaṃ tad anumeyasyādhigame liṅgaṃ na bhavatīty etad evāha[10] sūtrakāraḥ[11] — aprasiddho 'napadeśo 'san sandigdhaś ceti[12]. Ny. 476

[250] Vidhis tu yatra dhūmas tatrāgnir[13], agnyabhāve dhūmo 'pi[14] na bhavatīti. Evaṃ prasiddhasamayasyāsandigdhadhūmadarśanāt sāhacaryānusmaraṇāt tadanantaram agnyadhyavasāyo Jh. 491 Ki. 197 Ny. 477 Vy. 2.15

1. *Ki.* atho
2. *L.* ca; *Ś. om.* vā
3. *B.* sahakāritam
4. *Ki.* cānyasarvasminn; *L.* vānyatra
5. *L. om.* vā
6. *Ś.* aprasiddhasyārthasyānumāpakaṃ
7. *Ki.* tad prasiddārthasyānumāpakaṃ bhavatīti.
8. *B. om.* trirūpāl
9. *Ki.* vā dharmābhyāṃ viparītaṃ
10. *L. Ś. om.* etad eva
11. *Kiraṇāvalī*: ity āha sūtrakāraḥ
12. C. **3.1.10** "Aprasiddho 'napadeśaḥ", **3.1.11** "Asan sandigdhaś cānapadeśaḥ" (R. U. 3.1.15: "Aprasiddho 'napadeśo 'san sandigdhaś cānapadeśaḥ", V. 3.1.18 "Aprasiddho 'napadeśaḥ", 3.1.19 "Asan sandigdhaś ca"). *Ki. Ny. Vy.* sandigdhaś cānapadeśaḥ iti; *L.* aprasiddhonupadeśaḥ asann api sandigdhaś cānupadeśa iti; *Ś.* 'napadeśo 'sandigdhaś cānapadeśa iti; *Nyāyakandalī as text.*
13. *L.* tatra vahnir; *Ś.* tatrāgnir iti; *Vy.* yatra yatra dhūmas tatra tatrāgnir
14. *L. Ś. om.* 'pi

bhavatīti[1]. Evaṃ sarvatra[2] deśakālāvinābhūtam itarasya liṅgam. [251] Śāstre[3] kāryādigrahaṇaṃ[4] nidarśanārthaṃ kṛtaṃ nāvadhāraṇārtham. Kasmāt? Vyatirekadarśanāt[5]. Tad yathādhvaryur oṃ śrāvayan[6] vyavahitasya[7] hotur[8] liṅgam, candrodayaḥ samudravṛddheḥ[9] kumudavikāśasya[10] ca, śaradi jalaprasādo 'gastyodayasyety[11] evamādi tat sarvam asyedam[12] iti sambandhamātravacanāt[13] siddham. [252] Tat tu dvividham — dṛṣṭaṃ sāmānyato dṛṣṭaṃ ca[14]. [253] Tatra dṛṣṭaṃ prasiddhasādhyayor atyantajātyabhede[15] 'numānam. Yathā gavy eva sāsnāmātram[16] upalabhya deśāntare 'pi[17] sāsnāmātradarśanād gavi pratipattiḥ[18]. [254] Prasiddhasādhyayor atyantajātibhede liṅgānumeyadharmasāmānyānuvṛttito 'numānaṃ sāmānyato dṛṣṭaṃ. Yathā karṣakavaṇigrājapuruṣāṇāṃ ca[19] pravṛtteḥ phalavattvam[20] upalabhya

1. *L.* °smaraṇād anantaram agner vyavasāyo bhavati tataḥ paraṃ tad bhavati; *Ś.* sāhacaryasyānusmaraṇād anantaraṃ agnyadhyavasāyo bhavati tat paraṃ bhavatīti
2. *Ś. om.* sarvatra
3. *Jh. Ny.* Śāstre ca
4. *Cf.* C. **9.18:** "Asyedaṃ kāryaṃ kāraṇaṃ sambandhi ekārthasamavāyi virodhi ceti laiṅgikam". (R. U. 9.2.1, S. 9.18: "Asyedaṃ kāryaṃ kāraṇaṃ saṃyogi virodhi samavāyi ceti laiṅgikam", V. *om*). *Kiraṇāvalī*: "Asyedaṃ kāraṇaṃ kāryaṃ saṃyogi ...". *Vyomavatī* (*Vy.* p.157): asyedaṃ kāryaṃ kāraṇaṃ saṃyogi samavāyi virodhi ceti laiṅgikam
5. *L.* vyatirekaliṅgadarśanāt; *Ś.* vyatireke liṅgadarśanāt
6. *Ś.* adhvaryur āśrāvayan
7. *L.* °śrāvayann abyava°
8. *K.* hetur, *Ḍh. not clear.*
9. *L.* samṛddhibṛddheḥ
10. *Jh. Ki. L. Ny.* °vikāsasya
11. *L. om.* iti; *Ś.* °prasādaś cāgastyo°
12. *see note 4 above.*
13. *L.* sambandhaṃ mātradarśa[n]āt
14. *Ś. om.* ca
15. *Vy. Ny. om.* atyanta°
16. *Ki. Ny.* sāsnām upalabhya
17. *Ś. om.* 'pi
18. *Ś.* pratipattir bhavati
19. *L.* karṣakara°; *Ś.* °rājaputrānāṃ; *Ki. L. Ny. Ś. om.* ca
20. *Ś.* pravṛtteḥ sāphalyam

varṇāśramiṇām api dṛṣṭaṃ prayojanam anuddiśya pravartamānānāṃ phalānumānam iti. [255] Tatra liṅgadarśanaṃ pramāṇaṃ, pramitir agnijñānam[1]. Athavā 'gnijñānam eva pramāṇaṃ, pramitir agnau guṇadoṣamādhyasthyadarśanam[2] ity etat svaniścitārtham[3] anumānam.

D.213
[256] Śabdādīnām apy anumāne 'ntarbhāvaḥ samānavidhitvāt. Jh.512
Yathā prasiddhasamayasyāsandigdhaliṅgadarśanaprasiddhy- K.576 Ki.206
anusmaraṇābhyām[4] atīndriye 'rthe[5] bhavaty anumānam evaṃ L.28 Ny.498
śabdādibhyo 'pīti. [257] Śrutismṛtilakṣaṇo 'py āmnāyo vaktṛ- Vy.2.16
prāmāṇyāpekṣaḥ[6] tadvacanād āmnāyaprāmāṇyam[7], liṅgāc cānityo[8],
buddhipūrvā vākyakṛtir vede[9], buddhipūrvo dadātir[10] ity uktatvāt. D.220

[258] Prasiddhābhinayasya[11] ceṣṭayā pratipattidarśanāt tad apy Ḍh.109 Jh.529
anumānam eva. Ki.213 Ny.518

[259] Āptenāprasiddhagavayasya[12] gavā gavayapratipādanād[13] Vy.2.17
upamānam āptavacanam eva.

[260] Darśanārthād arthāpattir[14] virodhy eva. Śravaṇād

1. *Vy.* tatra liṅgadarśanaṃ pramānam, anumeyaṃ jñānaṃ phalaṃ, prameyo 'gniḥ, pramātā ātmā.
2. *L.* °pradarśanam; *Ś.* °mādhyastha°
3. *Ki.* svaniścitārthānumānam (*but Kiraṇāvalī has* svaniścitārtham); *Ś.* °darśanam. Tat sva°; *Vy.* svaniścayārtham
4. *Ki. Ny. Ś. & Vyomavatī om.* asandigdha°; *L.* prasiddhisamayasyāsandigdhaliṅgadarśanaprasiddhānusmaraṇābhyām
5. *L.* atīndriyārthe
6. *Ś.* °pekṣo 'numānam eva tad°
7. C. **1.1.3** "Tadvacanād āmnāyaprāmāṇyam" (R. U. V. 1.1.3 "Tadvacanād āmnāyasya prāmāṇyam"); *Cf.* C. S. 10.21, R. U. 10.2.9. *Ś.* °māṇyam iti vacanāl
8. C. **2.2.37** "Liṅgāc cānityaḥ" (R. 2.2.33, U. 2.2.32. V. 2.2.31; U.: "Liṅgāc cānityaḥ śabdaḥ").
9. **6.1.1** "Buddhipūrvā vākyakṛtir vede".
10. C. V. **6.1.4** "Buddhipūrvo dadātiḥ" (R. U. 6.1.3). *Ki. Ś.* dadāti.
11. *Kiraṇāvalī appears to know a second reading*: kṛtābhinayasya
12. *B. D. Ḍh. Jh. K. Ny.* Āptenāprasiddhasya gavayasya; *Ki.* Āptenāprasiddhagavasya gavayasya; *L.* prāptena prasiddhagavayasya
13. *L.* gavayapratipādanārtham (*om.* gavā); *Ś.* gavayatvaprati°
14. *L. Ś. Kiraṇāvalī & Vyomavatī*: darśanārthāpattir

anumitānumānam[1].

[261] Sambhavo 'py avinābhāvitvād anumānam eva.

[262] Abhāvo 'py anumānam eva. Yathotpannaṃ kāryaṃ kāraṇa- Ś.46
sadbhāve liṅgam[2] evaṃ anutpannaṃ kāryaṃ kāraṇāsadbhāve[3] liṅgam.

[263] Tathaivaitihyam[4] apy avitatham āptopadeśa[5] eveti. Ki.221

[264] *Pañcāvayavena vākyena svaniścitārthapratipādanaṃ*[6] Ny.546
parārthānumānam. Pañcāvayavenaiva vākyena saṃśayitaviparyastā- Vy.2.183
vyutpannānāṃ[7] pareṣāṃ svaniścitārthapratipādanaṃ[8] parārthānu-
mānaṃ[9] vijñeyam. B.335

[b.1.0. Avayavaprakaraṇam] D.233

[265] Avayavāḥ[10] punaḥ pratijñāpadeśanidarśanānusandhāna- Ḍh.114 Jh.565 K.599
pratyāmnāyāḥ. Ki.224

[b.1.1 Pratijñāprakaraṇam] M.186 Ny.554

[266] Tatrānumeyoddeśo 'virodhī[11] pratijñā. Pratipipādayiṣita- Vy.2.189
dharmaviśiṣṭasya[12] dharmiṇo 'padeśaviṣayam āpādayitum[13] uddeśamātraṃ[14] pratijñā. Yathā dravyaṃ vāyur iti. [267] Avirodhigrahaṇāt pratyakṣānumānābhyupagatasvaśāstrasvavacanavirodhino[15]

1. *L.* virodhe vā śabdaśravaṇād anumittam anumānam; *Ś.* eva, śrutārthāpattir api. Śabdaśravaṇād anumitānumānam; *Vy. Vyomavatī*: °pattis tad apy anumānam eva
2. *L.* kaṭaṃ kāraṇasaṃbhavaliṅgam
3. *L.* kāryyakāraṇa°, *Ś.* kāraṇasadbhāve
4. *L. Vy. Kiraṇāvalī & Vyomavatī*: tathaitihyam; *Ś. om.* Tathaiva *&* api
5. *Ki.* avitathopadeśa, *but Kiraṇāvalī comments*: [a]vitatham evety āptopadeśa eva
6. *L.* °venaiva vākyenāniścitārtha°
7. *Ki. Ny. Vyomavatī*: saṃśayitaviparītāvyutpannānāṃ; *Ś.* saṃśayitavad viparyastāvyutpannayoḥ
8. *L.* pareṣām aniścitārtha°; *Ś. om.* pareṣām
9. *Ś.* padārthā°
10. *L.* athāvayavāḥ
11. *Ś.* °deśāvirodhī
12. *L. Ś.* pratipāda°
13. *Ki. L. Ny. Ś.* & *Vyomavatī*: °viṣayāpādanārtham; *Kiraṇāvalī has* °viṣayam āpādayitum
14. *Ś.* upadeśa°
15. *Jh.* °abhyupamata°; *Ś.* °ānumānāgamasvaśāstra°

nirastā[1] bhavanti. Yathā 'nuṣṇo 'gnir iti pratyakṣavirodhī, ghanam ambaram ity anumānavirodhī, brāhmaṇena surā peyety āgamavirodhī, vaiśeṣikasya[2] sat kāryam iti bruvataḥ[3] svaśāstravirodhī, na śabdo 'rthapratyāyaka[4] iti svavacanavirodhī.

[b.1.2a. Apadeśaprakaraṇam] B. 341 D. 237

[268] Liṅgavacanam apadeśaḥ. Yad anumeyena sahacaritaṃ Ḍh. 115 Jh. 575
tatsamānajātīye[5] sarvatra[6] sāmānyena prasiddhaṃ tadviparīte ca K. 603 Ki. 228
sarvasminn asad eva tal liṅgam uktaṃ. Tasya vacanam apadeśaḥ. L. 28-2 M. 188
Yathā kriyāvattvād guṇavattvāc ca[7]. Tathā ca tad anumeye[8] 'sti tat- Ny. 563 Vy. 2.1
samānajātīye ca[9] sarvasmin guṇavattvam asarvasmin kriyāvattvam[10]. Ubhayam apy etad adravye[11] nāsty eva tasmāt[12] tasya vacanam apadeśa iti siddham.

[b.1.2b. Hetvābhāsaprakaraṇam] B. 341- D. 238- Ḍh. 116

[269] Etenāsiddhaviruddhasandigdhānadhyavasitavacanānām[13] Jh. 576-
anapadeśatvam uktam bhavati. [270] Tatrāsiddhaś caturvidhaḥ — K. 604- Ki. 228-
ubhayāsiddho 'nyatarāsiddhas tadbhāvāsiddho 'numeyāsiddhaś[14] L. 29-3 M. 189-
ceti. Tatrobhayāsiddha ubhayor vādiprativādinor asiddho yathā Ny. 564 Ś. 46-47 Vy. 2.1

---

1. *Vy.* °virodhino anumeyoddeśā nirastā
2. *Ki. Ny. Ś. Vy.* vaiśeṣikasya prāgutpatteḥ sat kāryam
3. *Ś.* vadataḥ
4. *Ś.* ardhapra°
5. *Ki. Ny. Ś. Vy.* °jātīye ca
6. *L.* sarvatrāsarvatra vā; *Ś.* sarvatrāsarvatra sāmā°; *Kiraṇāvalī*: sarvatra ekadeśe vā, *Vyomavatī*: sarvatra ca
7. **2.1.12** "Kriyāvattvāt guṇavattvāc ca" (V. *om.*); *see* NM: p.1001. *Jh.* ceti; *Ś.* veti
8. *Ś.* yad anumeye
9. *Ś.* °jātīye prasiddham sarvasmin
10. *Ki. Ny.* kriyāvattvam asti; *L. om.* yathā kriyāvattvād guṇavattvāc ca tathā ca tad anumeye 'sti tatsamānajātīye ca sarvasmin guṇavattvam asarvasmin kriyāvattvam
11. *L. Ś.* dravye
12. *L. Ś. om.* tasmāt
13. *Ś.* Etenāprasiddhasya vi°
14. *Ki.* anubhayāsiddhaś ceti

'nityaḥ śabdaḥ[1] sāvayavatvād iti[2]. Anyatarāsiddho yathā 'nityaḥ śabdaḥ kāryatvād[3] iti. Tadbhāvāsiddho yathā dhūmabhāvenāgny-adhigatau[4] kartavyāyām upanyasyamāno bāṣpo dhūmabhāvenāsiddha iti[5]. Anumeyāsiddho yathā pārthivaṃ dravyaṃ[6] tamaḥ kṛṣṇarūpa-vattvād[7] iti[8].

[271] Yo hy anumeye 'vidyamāno[9] 'pi tatsamānajātīye[10] sarvasmin nāsti tadviparīte cāsti sa viparītasādhanād viruddho yathā yasmād viṣāṇī tasmād aśva[11] iti.

[272] Yas tu sann anumeye tatsamānāsamānajātīyayoḥ sādhāraṇaḥ sann eva[12] sa[13] sandehajanakatvāt sandigdho, yathā yasmād viṣāṇī tasmād gaur[14] iti. [273] Ekasmiṃś ca dvayor hetvor yathokta-lakṣaṇayor viruddhayoḥ[15] sannipāte sati[16] saṃśayadarśanād ayam anyaḥ sandigdha iti kecit. Yathā mūrtatvāmūrtatvaṃ prati manasaḥ

1. *Kiraṇāvalī*: śabdo 'nityaḥ
2. *Ś. om.* iti
3. C. **2.2.32** "Kāryatvāt" (R. U. V. *om.*). *L.* & *Nyāyakandalī*: kāryatvād anityaḥ śabdaḥ; *Ś.* Anyatarāsiddhaḥ kāryatvād anitya iti; *Kiraṇāvalī*: śabdo 'nityaḥ kāryatvāt
4. *L. reads* dhūmabhāveddhognyadhigatau *and om. the rest of the sentence*; *Ny.* °adhinatau; *Ś.* °bhāve 'gny°
5. *Ś. om.* kartavyāyām upanyasyamāno bāṣpo dhūmabhāvenāsiddha iti
6. *Ki. L. Ny. Ś.* & *Vyomavatī om.* dravyaṃ
7. *Ki.* & *Vyomavatī*: kṛṣṇarūpatvād iti; *L.* sakṛṣṇarūpatvād
8. *Ś. adds a sentence*: yathā hetur anyatarāsiddha ubhayāsiddho vā bhavaty evam āśrayāsiddhir apy ubhayathā
9. *L.* °meye (')vidyamāne; *Cl. Nenninger* (CN p. 94) *argues for the reading* vidyamāno.
10. *L.* tatsajātīye; *Ny.* °jātīye ca
11. C. **3.1.12** "Viṣāṇī tasmād aśvo viṣāṇī tasmād gaur iti ca" (R. U. 3.1.16. "Yasmād viṣāṇī tasmād aśvaḥ", V. *om.*).
12. *Ki.* & *Nyāyakandalī om.* sann eva; *L.* eva ca; *Kiraṇāvalī*: samānāsamānajātīyayoḥ sann eva; *Vyomavatī*: tatsamānāsamānajātīyayoḥ sann eva
13. *Ś.* sādhāranaḥ sa sann eva sandeha°; *Vy. om.* sa
14. C. **3.1.12** (R. U. 3.1.17 "Yasmād viṣāṇī tasmād gaur iti cānaikāntikasyodāharaṇam", V. *om.*).
15. *Ki.* °lakṣaṇaviruddhayoḥ; *Kiraṇāvalī as in text.*
16. *Ś. om.* sati

kriyāvattvāsparśavattvayor iti[1]. [274] Nanv ayam asādhāraṇa evācākṣuṣatvapratyakṣatvavat[2] saṃhatayor anyatarapakṣāsambhavāt, tataś[3] cānadhyavasita iti vakṣyāmaḥ. [275] Nanu[4] śāstre tatra tatrobhayathā[5] darśanaṃ saṃśayakāraṇam apadiśyata iti? Na, saṃśayo viṣayadvaitadarśanāt. Saṃśayotpattau viṣayadvaitadarśanaṃ kāraṇaṃ[6] tulyabalatve[7] ca tayoḥ parasparavirodhān[8] nirṇayānutpādakatvaṃ syān na tu saṃśayahetutvam. Na ca tayos tulyabalavattvam[9] asti[10] anyatarasyānumeyoddeśasyāgamabādhitatvād[11] ayaṃ tu viruddhabheda eva[12]. [276] Yaś cānumeye vidyamānas[13] tatsamānāsamānajātīyayor asann eva[14] so 'nyatarāsiddho[15] 'nadhyavasāyahetutvād anadhyavasito[16] yathā sat kāryam utpatter iti. Ayam aprasiddho[17] 'napadeśa[18] iti vacanād avaruddhaḥ[19]. [277] Nanu cāyaṃ viśeṣaḥ[20] saṃśayahetur abhihitaḥ śāstre tulya-

1. *Ki.* kriyāvattvāsparśatvayoḥ; *Kiraṇāvalī*: yathā mūrtatvāmūrtatve prati manasaḥ kriyāvattvāsparśavattve
2. *Ki. Ny.* acākṣuṣapratyakṣatvavat; *L.* acākṣuṣatvapratyakṣavat; *Ś.* acākṣuṣapratyakṣavat; *Cl. Nenniger* (CN p. 100) *suggests* cākṣuṣatvāpratyakṣatvavat; *Nyāyakandalī as text* (?).
3. *L.* tathā
4. *Ś. Kiraṇāvalī, Nyāyakandalī & Vyomavatī* (?): Nanu ca
5. *Ki.* tatra tayobhayathā
6. *Vy.* °darśanam eva kāraṇam; *Ki. Ny.* °darśanam eva nimittam tulya°
7. *L.* °valavatve
8. *Ki. Ny.* parasparaṃ virodhān; *Vyomavatī*: tayoḥ virodhāt
9. *Ki. Ś. Vy.* tulyabalatvam
10. *Ś. om.* asti
11. *L.* & *Vyomavatī*: °gamavirodhitvāt
12. *Ki.* °bheda iti; *Ś.* viruddhaprabheda iti
13. *Vy.* Yaś ca sann anumeye tat°
14. *Vyomavatī*: asann eva ca
15. *Ki. Ny.* 'nyataratrāsiddho
16. *L.* anabyavasitaḥ
17. *L.* asiddho
18. C. **3.1.10**, V. 3.1.18 "Aprasiddho 'napadeśaḥ", (R. U. 3.1.15: "Aprasiddho 'napadeśo 'san sandigdhaś cānapadeśaḥ"), *Cf. supra* [249].
19. *L.* vacanād eva viruddhaḥ
20. *L. Ś. om.* viśeṣaḥ

jātīyeṣv arthāntarabhūteṣu[1] viśeṣasyobhayathā dṛṣṭatvād[2] iti, nānyārthatvāt. Śabde viśeṣadarśanāt[3] saṃśayānutpattir[4] ity ukte nāyaṃ dravyādīnām anyatamasya[5] viśeṣaḥ syāc[6] chrāvaṇatvaṃ, kiṃ tu sāmānyam eva sampadyate[7]. Kasmāt[8]? Tulyajātīyeṣv arthāntarabhūteṣu[9] dravyādibhedānām ekaikaśo viśeṣasyobhayathā dṛṣṭatvād ity uktaṃ[10] na saṃśayakāraṇam. Anyathā ṣaṭsv api padārtheṣu saṃśayaprasaṅgāt. Tasmāt sāmānyapratyayād[11] eva saṃśaya iti.

[b.1.3a. Nidarśanaprakaraṇam] B.343 D.246

[278] Dvividhaṃ nidarśanaṃ sādharmyeṇa vaidharmyeṇa ca. Dh.122 Jh.598
Tatrānumeyasāmānyena[12] liṅgasāmānyasyānuvidhānadarśanaṃ[13] K.611 Ki.236
sādharmyanidarśanam. Tad yathā[14] yat kriyāvat tad[15] dravyaṃ L.30 M.197
dṛṣṭaṃ yathā śara iti. Anumeyaviparyaye ca[16] liṅgasyābhāvadarśanaṃ Ny.582
vaidharmyanidarśanam. Tad yathā[17] yad adravyaṃ[18] tat kriyāvan Ś.48 Vy.2.202
na bhavati yathā satteti.

---

1. *L. Ś.* arthāntareṣu
2. C. 2.2.26. "Tulyajātīyeṣv arthāntarabhūteṣu ca viśeṣasyobhayathā dṛṣṭatvāt" (U. 2.2.22, R. 2.2.23 *without* ca, *like Praśastapādabhāṣya,* V. 2.2.20 "ubhayathā dṛṣṭatvāc ca"). *Kiraṇāvalī & Vyomavatī appear to read the sūtra like C. with* ca.
3. *L.* °pradarśanāt
4. *Ś.* saṃśayānupapattir
5. *L.* anyatarasya
6. *Ki. Ś. & Nyāyakandalī om.* syāt
7. *L.* pratipadyate
8. *L. om.* kasmāt; *Ś.* tasmāt
9. *Nyāyakandalī & Vyomavatī*: °bhūteṣu ca
10. *Ki. L. Ny.* ity ukte
11. *Ki. Ny.* sāmānyapratyakṣād
12. *Ś.* Tatrānumeyena sāmānyena
13. *Ki.* anuvidhānaṃ sādharmya°; *Kiraṇāvalī as in text.*
14. *L. om.* tad yathā
15. *Vy.* yad yat kriyāvat tat tad; *Ś. om.* tad
16. *L. om.* ca; *Ś.* °viparyayeṇa liṅga°
17. *Ś. om.* tad yathā
18. *Vy.* yad yad adravyaṃ tat tat

[b.1.3b. Nidarśanābhāsaprakaraṇam] B.343
[279] Anena[1] nidarśanābhāsā[2] nirastā bhavanti. Tad yathā D.247 Ḍh.122
nityaḥ śabdo[3] 'mūrtatvāt, yad amūrtaṃ dṛṣṭaṃ tan nityam[4], yathā Jh.599 K.611
paramāṇur yathā karma[5] yathā sthālī yathā tamo 'mbaravad iti[6]. Ki.237 L.30
Yad dravyaṃ tat kriyāvad[7] dṛṣṭam iti ca liṅgānumeyobhayāśrayā- M.198 Ny.583
siddhānanugataviparītānugatāḥ sādharmyanidarśanabhāsāḥ. [280] Ś.48
Yad anityaṃ tan mūrtaṃ dṛṣṭaṃ, yathā karma yathā paramāṇur[8] Vy.2.202
yathā ''kāśaṃ yathā tamaḥ ghaṭavad. Yan niṣkriyaṃ tad adravyaṃ
ceti[9] liṅgānumeyobhayāvyāvṛttāśrayāsiddhāvyāvṛttaviparīta-
vyāvṛttā vaidharmyanidarśanābhāsā iti.[10]

B.344
[b.1.4. Anusaṃdhānaprakaraṇam] D.249
Ḍh.123
[281] Nidarśane 'numeyasāmānyena saha dṛṣṭasya liṅga- Jh.606
sāmānyasyānumeye[11] 'nvānayanam[12] anusandhānam. Anumeya- K.613 Ki.238
dharmamātratvenābhihitaṃ liṅgasāmānyam anupalabdhaśaktikaṃ[13] L.30 M.199
nidarśane sādhyadharmasāmānyena[14] saha dṛṣṭam anumeye[15] yena Ny.587 Ś.48
vacanenānusandhīyate tad anusandhānam. Tathā ca[16] vāyuḥ Vy.2.204

---

1. *Ki.* Etena; *Kiraṇāvalī as in text.*
2. *L.* darśa°
3. *Kiraṇāvalī*: śabdo nityo
4. *Ki. L. Ś. & Nyāyakandalī*: yad amūrtaṃ tan nityaṃ dṛṣṭaṃ; *Kiraṇāvalī*: yad amūrtaṃ tan nityam; *Vyomavatī*: [yad?] yad amūrtaṃ dṛṣṭaṃ tan nityaṃ [dṛṣṭaṃ?]
5. *L. om.* yathā karma
6. *L. Ś. om.* iti
7. *Vy.* yad yad dravyaṃ tat tat kriyāvad
8. *Ś.* yathā paramāṇuḥ yathā karma
9. *Vy.* adravyaṃ dṛṣṭañ ceti; *Ś.* adravyaṃ dṛṣṭam iti ca. Evam liṅgā°
10. *L. reads starting from the third sentence of* 279: Yad dravyaṃ tat kriyāvad dṛṣṭam iti ca liṅgānumeyobhayāśrayāsiddhavyāvṛttaviparītavyāvṛtta-vaidharmyanidarśanābhāvā
11. *Jh. Ny.* liṅgasāmānyam anumeye; *Nyāyakandalī as text.*
12. *Ki.* 'nvāyanam; *L.* °numeyārthānayanam
13. *L.* anupalabdhi°
14. *L.* nidarśanasādhya°; *Vy.* anumeyadharmasāmānyena
15. *L.* anumeyena
16. *Ś.* Tathā cāyaṃ

kriyāvān iti. Anumeyābhāve ca[1] tasyāsattvam[2] upalabhya na ca tathā vāyur niṣkriya iti.

[b.1.5. Pratyāmnāyaprakaraṇam]

B.345
D.250
Dh.124
Jh.611
K.615
Ki.239
L.30-31
M.200
Ny.590-59
Ś.48-49
Vy.2.206

[282] Anumeyatvenoddiṣṭe cāniścite ca pareṣāṃ[3] niścayāpādanārthaṃ pratijñāyāḥ punarvacanaṃ[4] pratyāmnāyaḥ. Pratipādyatvenoddiṣṭe cāniścite[5] ca pareṣāṃ hetvādibhir avayavair[6] āhitaśaktīnāṃ parisamāptena vākyena niścayāpādanārthaṃ pratijñāyāḥ punarvacanaṃ pratyāmnāyaḥ. Tasmād dravyam eveti. [283] Na hy[7] etasminn asati pareṣāṃ[8] avayavānāṃ samastānāṃ vyastānāṃ vā[90] tadarthavācakatvam asti[10]. Gamyamānārthatvād iti cen na, atiprasaṅgāt. Tathā hi[11] pratijñānantaraṃ[12] hetumātrābhidhānaṃ kartavyaṃ viduṣāṃ anvayavyatirekasmaraṇāt[13] tadarthāvagatir[14] bhaviṣyatīti. Tasmād atraivārthaparisamāptiḥ[15]. [284] Katham? Anityaḥ śabda ity anenāniścitānityatvamātraviśiṣṭaḥ śabdaḥ kathyate. Prayatnānantarīyakatvād[16] ity anenānityatvasādhanadharmamātram[17] abhidhīyate. Iha yat prayatnānantarī-

---

1. *Kiraṇāvalī*: vā; *Ś. om.* ca
2. *Nyāyakandalī*: anyatarasyāsattvam
3. *L. drops what follows up to the next* pareṣāṃ (hetvādibhir), *but restores it before* [283], *preceded by* punar *and omitting* pratijñāyāḥ punarvacanam
4. *Ś.* °diṣṭe 'niścite pareṣāṃ niścayāpādanārthaṃ punaḥ pratijñāvacanaṃ
5. *Ś.* °diṣṭe 'niścite
6. *Vyomavatī om.* avyavair
7. *Ki.* Tarhi na hy
8. *Ki. Ny. Ś.* pūrveṣām; *L. om.* pareṣām
9. *L.* samastānāṃ vā vyastānāṃ
10. *Ś.* astīti
11. *Ś. om.* Tathā hi
12. *L.* pratijñānataḥ
13. *L.* °anusmaraṇāt
14. *Ki. om.* tad°; *Ś.* anvayavyatirekābhyām arthāvagatir
15. *L.* atrārthasyaiva pari°
16. *L.* prayatnāṃtarī°
17. *L.* anena sādhyasamadharmamātram; *Vy.* anityatvasādhanaṃ dharmamātram; *Ś. om.* anityatva

yakaṃ tad anityaṃ dṛṣṭam[1] yathā ghaṭa ity anena sādhyasāmānyena[2] sādhanasāmānyasyānugamamātram ucyate. Nityam aprayatnānantarīyakaṃ dṛṣṭam yathā ''kāśam ity anena sādhyābhāvena[3] sādhanasyāsattvaṃ pradarśyate[4]. Tathā ca prayatnānantarīyakaḥ śabdo dṛṣṭo[5] na ca tathā ''kāśavad aprayatnānantarīyakaḥ[6] śabda ity anvayavyatirekābhyāṃ dṛṣṭasāmarthyasya[7] sādhanasāmānyasya[8] śabde 'nusandhānaṃ gamyate. Tasmād anityaḥ śabda ity[9] anenānitya eva śabda iti pratipipādayiṣitārthaparisamāptir gamyate. Tasmāt pañcāvayavenaiva[10] vākyena pareṣāṃ svaniścitārthapratipādanaṃ kriyata ity etat[11] parārthānumānaṃ[12] siddham iti[13].

[b.2. Nirṇayasya mānāntaratvakhaṇḍanam] B.346 D.255

[285] Viśeṣadarśanajam avadhāraṇajñānaṃ[14] saṃśayavirodhī Dh.127 Jh.623
nirṇayaḥ. [286] Etad eva pratyakṣam anumānaṃ vā[15]. Yad viśeṣa- K.619 Ki.242
darśanāt saṃśayavirodhy utpadyate sa pratyakṣanirṇayaḥ[16]. Yathā L.31 M.206
sthāṇupuruṣayor ūrdhvatāmātrasādṛśyālocanād viśeṣeṣv[17] apraty- Ny.598
akṣeṣūbhayaviśeṣānusmaraṇāt[18] kim ayaṃ sthāṇuḥ[19] puruṣo veti Vy.2.210

1. *Ś.* dṛṣṭaṃ tad anityaṃ
2. *Vyomavatī*: sādhyasāmānyena (saha?)
3. *Ś.* sādhyābhāve; *Vy. Vyomavatī*: sādhyābhāvena [saha]
4. *Vyomavatī*: vyākhyāyate
5. *L. Ś. om.* dṛṣṭo
6. *Ś. om.* dṛṣṭo na ca tathā ''kāśavad aprayatnānantarīyakaḥ
7. *Ki.* Tathā ca prayatnānantarīyakaḥ śabdaḥ na ca tathā 'prayatnānantarīyakaḥ ity anvayavyatirekābhyāṃ sādhana°
8. *L. om.* sādhanasāmānyasya
9. *Vyomavatī*: tasmād anitya eva ity
10. *L. om.* eva
11. *Ś. om.* etat
12. *L.* iti cetat (*sic*) parāmarśanam anumānaṃ
13. *Ś. om.* iti
14. *L.* avadhāraṇam
15. *Ś.* ca
16. *L. Ś.* sa nirṇayaḥ
17. *B. Ki.* °ālocanāviśeṣeṣv
18. *L. Ś.* pratyakṣe°
19. *Jh. Ny.* sthāṇur vā; *Ś. om.* kim ayaṃ

saṃśayotpattau śiraḥpāṇyādidarśanāt[1] puruṣa evāyam ity avadhāraṇajñānaṃ pratyakṣanirṇayaḥ. Viṣāṇamātradarśanād gaur gavayo veti saṃśayotpattau sāsnāmātradarśanād gaur evāyam ity avadhāraṇajñānam anumānanirṇaya iti[2]. B.347

[c. Smṛtiprakaraṇam] D.256 Dh.128

[287] Liṅgadarśanecchānusmaraṇādyapekṣād[3] ātmamanasoḥ Jh.625 K.620
saṃyogaviśeṣāt[4] paṭvabhyāsādarapratyayajanitāc[5] ca saṃskārād Ki.243 L.32
dṛṣṭaśrutānubhūteṣv artheṣu śeṣānuvyavasāyecchānusmaraṇa- M.207 Ny.599
dveṣahetur[6] atītaviṣayā[7] smṛtir iti. Vy.2.212

[d.1. Ārṣajñānaprakaraṇam] D.258 Jh.627

[288] Āmnāyavidhātṝṇām ṛṣīṇām atītānāgatavartamāneṣv K.621 Ki.245
atīndriyeṣv artheṣu[8] dharmādiṣu granthopanibaddheṣv anupani- M.208 Ny.601
baddheṣu[9] cātmamanasoḥ saṃyogād[10] dharmaviśeṣāc ca yat- Vy.2.213
prātibhaṃ[11] yathārthanivedanaṃ[12] jñānam[13] utpadyate tad ārṣam ity ācakṣate. Tat tu prastāreṇa[14] devarṣīṇāṃ[15], kadācid eva laukikānāṃ, yathā kanyakā bravīti[16] śvo me bhrātā ''ganteti hṛdayaṃ me kathayatīti.

---

1. *Ś.* śiraḥpāṇyādiviśeṣadarśanāt; *Vy.* [satyāṃ?] śiraḥpāṇyādi[viśeṣa?]darśanāt
2. *Ś.* avadhāraṇam anumānanirṇayaḥ
3. *Ś.* °apekṣātma°
4. *Kiraṇāvalī*: tatsahitād ātmamanasoḥ saṃyogād
5. *D. Ki. Ny.* paṭvābhyāsādarapratyayajanitāc (*id. Nyāyakandalī and Kiraṇāvalī*)
6. *L.* viśeṣānusmaraṇecchādveṣahetur; *Ś.* viśeṣānu°; *Vy.* °sāyānusmaraṇecchādveṣa°; *Kiraṇāvalī*: °sāyasmaraṇecchādveṣa°; *Nyāyakandalī*: °sāyecchāsmaraṇadveṣa°
7. *Ś.* °hetus tadatīta°
8. *Ki. Vy. om.* artheṣu; *Ś.* artheṣv atīndriyeṣu
9. *L. om.* granthopanibaddheṣu *and reads* gurupanibaddheṣu (?)
10. *Ś.* saṃyogaviśeṣād; *Kiraṇāvalī*: ātmamanaḥsaṃyogād
11. *L.* °ṣāc ca yac cātītaṃ jñātaṃ
12. *Ki. Ś. Vy. & Nyāyakandalī*: yathātmanivedanaṃ
13. *Ś.* jñānam yathātmanivedanaṃ
14. *Ś.* prastāvena
15. *Vyomavatī*: ṛṣīṇāṃ
16. *L.* kadācid alaukikānāṃ yathā kanyā [bra]vīti

[d.2. Siddhadarśanāntarbhāvaprakaraṇam] Ḍh. 129 Jh. 629

[289] Siddhadarśanaṃ na jñānāntaraṃ. Kasmāt[1]? Prayatna- K. 623
pūrvakam[2] añjanapādalepakhaḍgagulikādisiddhānāṃ dṛśya- Ki. 246 M. 209
draṣṭṝṇāṃ[3] sūkṣmavyavahitaviprakṛṣṭeṣv artheṣu yad darśanaṃ tat Ny. 602 Vy. 2.214
pratyakṣam eva[4]. Atha divyāntarikṣabhaumānāṃ[5] prāṇināṃ graha-
nakṣatrasaṃcārādinimittaṃ dharmādharmavipākadarśanam iṣṭam
tad apy anumānam eva[6]. Atha liṅgānapekṣaṃ dharmādiṣu darśanam
iṣṭaṃ tad api pratyakṣārṣayor[7] anyatarasminn antarbhūtam. Ity
evaṃ buddhir iti[8]. B. 348

[2.13. Sukhaprakaraṇam] D. 259

[290] Anugrahalakṣaṇaṃ[9] sukham. Sragādyabhipretaviṣaya- Ḍh. 130 Jh. 630
sānnidhye[10] satīṣṭopalabdhīndriyārthasannikarṣād dharmādy- K. 624 Ki. 247
apekṣād ātmamanasoḥ saṃyogād anugrahābhiṣvaṅganayanādi- L. 32 M. 211
prasādajanakam utpadyate tat sukham. Atīteṣu[11] viṣayeṣu smṛtijam. Ny. 603 Ś. 50
Anāgateṣu saṃkalpajam[12]. Yat tu viduṣām asatsu viṣayānusmara- Vy. 2.215
ṇecchāsaṃkalpeṣv[13] āvirbhavati[14] tad vidyāśamasantoṣadharma-
viśeṣanimittam iti.

---

1. *L. om.* kasmāt; *Ś.* katham
2. *Ki. Ny. om.* prayatnapūrvakam; *Nyāyakandalī*: praśnapūrvakam
3. *Vyomavatī adds* dṛśyānāṃ
4. *L.* pratyakṣānumānābhyām yat sūkṣmabyavahitaviprakṛṣṭeṣv arthāntareṣu siddhānāṃ draṣṭṛṇāṃ dṛśyānām ajanapādalepakhaḍgagulikādisiddhānāṃ darśanaṃ na pratyakṣam eva; *Ś.* Katham. Yat sūkṣmavyavahitaviprakṛṣṭeṣv artheṣu siddhānāṃ draṣṭṝṇāṃ dṛśyānām añjanapādalepaguṭikādisiddhīnāṃ darśanaṃ tat pratyakṣam eva
5. *Ki.* °bhaumāntaṃ; *Kiraṇāvalī as in text.*
6. *Ś.* Atha divyāntarikṣabhaumānāṃ grahanakṣatrasaṃcārādinimittaṃ upalabhya prāṇināṃ dharmādharmavipākadarśanam iṣṭam tad anumānam eva
7. *Ś.* tad ārṣapratyakṣayor (*om.* api)
8. *L. om.* evaṃ buddhir iti; *Ś. om.* iti
9. *L.* anugrahaḥ
10. *L.* svargādyabhipretaviṣayāsā°
11. *Ś.* pratīteṣu
12. *Ś.* °jam iti
13. *Ś.* & *Nyāyakandalī om.* °icchā°
14. *Ki.* ādir bhavati

[2.14. Duḥkhaprakaraṇam] D.260 Ḍh.131

[291] Upaghātalakṣaṇaṃ duḥkham. Viṣādyanabhipretaviṣaya- Jh.633 K.625
sānnidhye saty[1] aniṣṭopalabdhīndriyārthasannikarṣād adharmādy- Ki.248 L.32
apekṣād[2] ātmamanasoḥ saṃyogād yad[3] amarṣopaghātadainya- M.213
nimittam utpadyate tad duḥkham. Atīteṣu sarpavyāghracaurādiṣu[4] Ny.604 Vy.2.217
smṛtijam. Anāgateṣu saṃkalpajam iti[5].

[2.15. Icchāprakaraṇam] D.261 Jh.634

[292] Svārthaṃ parārthaṃ vā 'prāptaprārthanecchā[6]. Sā cātma- Ki.249 L.33
manasoḥ saṃyogāt sukhādyapekṣāt smṛtyapekṣād[7] votpadyate. Ś.51
Prayatnasmṛtidharmādharmahetuḥ. Kāmo 'bhilāṣo rāgaḥ saṃkalpaḥ kāruṇyaṃ vairāgyam upadhā bhāva ity evamādaya icchābhedāḥ[8]. [293] Maithunecchā kāmaḥ. Abhyavahārecchā[9] 'bhilāṣaḥ. Punaḥ punar viṣayānurañjanecchā[10] rāgaḥ. Anāsannakriyecchā saṃkalpaḥ. Svārtham anapekṣya paraduḥkhaprahāṇecchā kāruṇyam. Doṣadarśanād viṣayatyāgecchā[11] vairāgyam. Paravañcanecchopadhā. Antarnigūḍhecchā[12] bhāvaḥ. Cikīrṣājihīrṣetyādikriyābhedād[13] icchābhedā bhavanti.

---

1. *Nyāyakandalī seems to omit* viṣādy ... saty.
2. *Ś.* adharmāpekṣād
3. *Ś. om.* yad
4. *Ś.* sarpavyāghrādiṣu
5. *Ki. L. om.* iti
6. *Ś.* vā prāptaprārthanam icchā
7. *Ś. om.* smṛtyapekṣād
8. *L.* evamādyā icchāprabhedāḥ; *Ś.* icchābhidāḥ
9. *L. & Vyomavatī*: abhyavaharaṇecchā
10. *Ki.* viṣayarañjanecchā
11. *Ś. & Vyomavatī*: viṣayaparityāgecchā
12. *L.* anyani°
13. *L. om.* °ādi°

B. 349
[2.16. Dveṣaprakaraṇam] D. 262
Ḍh. 132

[294] Prajvalanātmako[1] dveṣaḥ. Yasmin sati prajvalitam Jh. 637
ivātmānaṃ manyate sa dveṣaḥ. Sa cātmamanasoḥ saṃyogād K. 626 Ki. 250
duḥkhāpekṣāt smṛtyapekṣād votpadyate. Prayatnasmṛtidharmā- M. 215 Ny. 606
dharmahetuḥ[2]. Krodho droho[3] manyur akṣamā 'marṣa iti dveṣa- Vy. 2.218
bhedāḥ[4].

[2.17. Prayatnaprakaraṇam] D. 263

[295] Prayatnaḥ saṃrambha utsāha iti paryāyāḥ. Sa dvividho Jh. 638 K. 628
— jīvanapūrvaka icchādveṣapūrvakaś ca. Tatra jīvanapūrvakaḥ Ki. 251 M. 216
suptasya prāṇāpānasantānaprerakaḥ prabodhakāle cāntaḥkaraṇa- Ny. 607 Vy. 2.220
syendriyāntaraprāptihetuḥ. Asya jīvanapūrvakasyātmamanasoḥ[5] saṃyogād dharmādharmāpekṣād utpattiḥ. [296] Itaras tu hitāhitaprāptiparihārasamarthasya vyāpārasya[6] hetuḥ śarīravidhārakaś[7] ca. Sa[8] cātmamanasoḥ saṃyogād icchāpekṣād dveṣāpekṣād votpadyate[9].

B. 350
[2.18. Gurutvaprakaraṇam] Ḍh. 133

[297] Gurutvaṃ[10] jalabhūmyoḥ patanakarmakāraṇam, apraty- Jh. 640 K. 629
akṣaṃ patanakarmānumeyaṃ saṃyogaprayatnasaṃskāravirodhi. Ki. 253 M. 217
Asya[11] cābādiparamāṇurūpādivan nityānityatvaniṣpattayaḥ[12]. Ny. 608 Ś. 52
Vy. 2.221

1. *Vyomavatī*: prajvalanasvarūpo
2. *Jh. Ny.* Yatnasmṛtidharmādharmasmṛtihetuḥ; *Nyāyakandalī*: prayatnadharmādharmasmṛtihetuḥ
3. *Ki. L. Ś. Vy.* Drohaḥ krodho
4. *Ś. adds*: Tatrāśutaravināśī krodhaḥ. Cirānuviddho 'pakāraparyavasāyī drohaḥ. Nigūḍhopakārāsamarthasyāpakāriṇi dveṣo manyuḥ. Paropakārāsahanam akṣamā. Svaguṇaparibhāvo 'pakārāsamartho dveṣo 'marṣa ityādy ūhyam. *This phrasing does not correspond to any of the edited commentaries.*
5. *L.* jīvanasaṃjñakasyātmamanasoḥ
6. *Ś.* vyāyāmasya
7. *Ś.* śarīradhārakaś
8. *L. Ś. om.* sa
9. *Ś.* votpadyata iti
10. *L.* gurutvaṃ tu
11. *Ki. L. Ny. Ś. & Vyomavatī*: Tasya
12. *L.* cābādeḥ paramāṇurūpādīnām iva nityānityatvaniṣpattaya iti; *Ś.* °niṣpattaya iti

[2.19. Dravatvaprakaraṇam] D.264 Ḍh.134

[298] Dravatvaṃ syandanakarmakāraṇam, tridravyavṛtti. Tat Jh.641 K.630
tu dvividhaṃ — sāṃsiddhikaṃ naimittikaṃ ca[1]. Sāṃsiddhikam Ki.253 M.218
apāṃ viśeṣaguṇaḥ. Naimittikaṃ pṛthivītejasoḥ sāmānyaguṇaḥ. Ny.609
[299] Sāṃsiddhikasya gurutvavan nityānityatvaniṣpattayaḥ. Vy.2.222
Saṃghātadarśanāt sāṃsiddhikam[2] ayuktam iti cen na. Divyena tejasā saṃyuktānām[3] āpyānāṃ paramāṇūnāṃ parasparaṃ saṃyogo[4] dravyārambhakaḥ saṃghātākhyas tena paramāṇudravatvapratibandhāt[5] kārye himakarakādau dravatvānutpattiḥ.

[300] Naimittikaṃ ca[6] pṛthivītejasor agnisaṃyogajam. Katham? L.34
Sarpirjatumadhūcchiṣṭādīnāṃ[7] kāraṇeṣu paramāṇuṣv[8] agnisaṃyogād vegāpekṣāt karmotpattau tajjebhyo[9] vibhāgebhyo dravyārambhakasaṃyogavināśāt kāryadravyanivṛttāv[10] agnisaṃyogād auṣṇyāpekṣāt svatantreṣu paramāṇuṣu dravatvam utpadyate. Tatas teṣu bhoginām adṛṣṭāpekṣād ātmāṇusaṃyogāt karmotpattau tajjebhyaḥ saṃyogebhyo dvyaṇukādiprakrameṇa kāryadravyam utpadyate[11]. Tasmiṃś ca rūpādyutpattisamakālaṃ kāraṇaguṇaprakrameṇa[12] dravatvam B.351
utpadyata iti[13]. D.266 Ḍh.135

[2.20. Snehaprakaraṇam] Jh.645 K.632

[301] Sneho 'pāṃ viśeṣaguṇaḥ. Saṃgrahamṛjādihetuḥ. Asyāpi Ki.256 L.34
gurutvavan nityānityatvaniṣpattayaḥ. M.221 Ny.611 Ś.52 Vy.2.224

---

1. *Ś.* ceti
2. *Vy.* sāṃsiddhikatvam; *Ki. Ny. Ś.* sāṃsiddhikadravatvam
3. *Vy.* divyatejaḥsaṃyuktānām; *Ś.* yuktānām
4. *L.* parasparasaṃyogo; *Ś.* parasparasaṃyogād
5. *Vy.* paramāṇudravatvasya pratibandhāt; *Ś.* paramāṇūnāṃ dravatva°
6. *L. Ś. om.* ca
7. *Ḍh.* °madhūcchiṣṭhādīnāṃ (*M. as text*); *Ki.* sarpirādīnāṃ; *L.* sarpirjatvākarajeṣu; *Ś.* °madhūcchiṣṭākarajādi-kāraṇeṣv
8. *Ś. om.* paramāṇuṣv
9. *L.* tat tebhyo
10. *L.* °dravyabṛttāv; *Ś.* °nivṛttāv anyasmāt
11. *Ḍh.* utpādyate
12. *Vyomavatī*: kāraṇaguṇapūrvakrameṇa
13. *L. om. the second half of* [300] *from* tatas teṣu *onwards*; *Ś. om.* iti

[2.21. Saṃskāraprakaraṇam] Ḍh. 136 Jh. 646

[302] Saṃskāras trividho — vego bhāvanā sthitisthāpakaś[1] ca[2]. K. 633 Ki. 257
[303] Tatra vego mūrtimatsu pañcasu dravyeṣu nimittaviśeṣāpekṣāt Ś. 53
karmaṇo jāyate, niyatadikkriyāprabandhahetuḥ, sparśavaddravya- Vy. 2.22
saṃyogaviśeṣavirodhī[3], kvacit kāraṇaguṇapūrvakrameṇotpadyate[4].

[304] Bhāvanāsaṃjñakas tv[5] ātmaguṇo dṛṣṭaśrutānubhūteṣv[6] artheṣu smṛtipratyabhijñānahetur bhavati[7] jñānamadaduḥkhādivirodhī[8]. Paṭvabhyāsādarapratyayajaḥ[9]. Paṭupratyayāpekṣād[10] ātmamanasoḥ saṃyogād[11] āścarye 'rthe paṭuḥ saṃskārātiśayo[12] jāyate. Yathā dākṣiṇātyasyoṣṭradarśanād iti[13]. [305] Vidyāśilpavyāyāmādiṣv[14] abhyasyamāneṣu tasminn evārthe[15] pūrvapūrvasaṃskāram apekṣamāṇād uttarottarasmāt pratyayād ātmamanasoḥ saṃyogāt saṃskārātiśayo jāyate. [306] Prayatnena manaś cakṣuṣi[16] sthāpayitvā 'pūrvam arthaṃ didṛkṣamāṇasya vidyutsampātadarśanavad ādarapratyayas, tam apekṣamāṇād ātmamanasoḥ saṃyogāt saṃskārātiśayo jāyate. Yathā devahrade rājatasauvarṇapadmadarśanād[17] iti[18].

---

1. *Nyāyakandalī*: sthitasthāpakaś
2. *Ś.* ceti
3. *L.* sparśadravya°; *Ś. om.* °viśeṣa°
4. *Ki. L. Ś. Nyāyakandalī & Vyomavatī*: °prakrameṇotpadyate; *L. om.* °guṇa°; *Ś.* °padyata iti
5. *L.* ca
6. *Ḍh.* duṣṭa°
7. *L. Ś. om.* bhavati
8. *L.* jñānasukhaduḥkhā°
9. *Ki. L.* paṭvābhyāsādara°
10. *L.* °pratyāyā°
11. *Ś.* saṃyogaviśeṣād
12. *Ki. Ny. Ś.* saṃskāro
13. *Ś. om.* iti
14. *L.* śilpavidyākriyāvyāyāmādiṣv
15. *Ś. om.* eva
16. *Ki. Ś.* cakṣuṣi manaḥ
17. *Ki.* °suvarṇa°; *L. Ś. Vy.* sauvarṇarājatapadma°
18. *L. om.* iti

[307] Sthitisthāpakas[1] tu sparśavaddravyeṣu vartamāno Jh.658
ghanāvayavasanniveśaviśiṣṭeṣu[2] kālāntarāvasthāyiṣu svāśrayam Ny.618 Vy.2.228
anyathākṛtaṃ[3] yathāvasthitaṃ[4] sthāpayati. Sthāvarajaṅgama-
vikāreṣu[5] dhanuḥśākhāśṛṅgadantāsthisūtravastrādiṣu[6] bhugnasaṃ-
vartiteṣu sthitisthāpakasya kāryaṃ saṃlakṣyate[7]. Nityānityatva-
niṣpattayo 'syāpi gurutvavat[8].

B.352-354 D.272-273

[2.22a. Dharmalakṣaṇam.]

Ḍh.138-142

[308] Dharmaḥ puruṣaguṇaḥ[9]. Kartuḥ[10] priyahitamokṣahetur Jh.660-672
atīndriyo 'ntyasukhasaṃvijñānavirodhī[11] puruṣāntaḥkaraṇasaṃyoga- K.637-638 Ki.259-361
viśuddhābhisandhijo[12] varṇāśramiṇāṃ pratiniyatasādhananimittaḥ. L.35-36 M.225-231
[309] Tasya tu[13] sādhanāni śrutismṛtivihitāni varṇāśramiṇāṃ Ny.619-627 Ś.53-54
sāmānyaviśeṣabhāvenāvasthitāni dravyaguṇakarmāṇi. [310] Tatra Vy.2.229-232
sāmānyāni — dharme śraddhā ahiṃsā bhūtahitatvaṃ[14] satyavacanam
asteyaṃ brahmacaryam anupadhā[15] krodhavarjanam abhiṣecanaṃ
śucidravyasevanaṃ viśiṣṭadevatābhaktir upavāso 'pramādaś ca[16].
[311] Brāhmaṇakṣatriyavaiśyānām[17] ijyādhyayanadānāni[18].

---

1. *Nyāyakandalī*: sthitasthāpakas
2. *Ki.* °viśiṣṭe
3. *L.* kālāṃtarāṃ 'basthāyiṣu svāśrayam anyathābhūtaṃ
4. *Ki. Vy. Nyāyakandalī*: yathāvat sthāpayati.
5. *Ś.* °jaṅgameṣu vi°
6. *Vy.* °śākhādantaśṛṅgāsthi°; *Ś.* °śākhādantaśṛṅgādiṣu sūtra°
7. *L.* °vikāreṣu catabhugnasaṃvarviteṣu (*sic*) nāsya kāryaṃ saṃlakṣyate; *Ś.* °saṃvartiteṣu tasya kāryaṃ lakṣyate
8. *Ś.* °yo 'sya gurutvavad draṣṭavyāḥ; *Vy.* gurutvavat draṣṭavyā (*sic*); *Vyomavatī*: °yo 'py asya gurutvavad draṣṭavyāḥ
9. *Ś.* puruṣaviśeṣaguṇaḥ
10. *L.* dharmaḥ prayatnaguṇakartuḥ
11. *L.* °saṃjñāna°; *Ś.* °sukhasamvidvirodhī
12. *L. Ś.* °saṃyogajaḥ viśuddhā°
13. *Ki.* Tasya ca; *Ś.* Asya tu
14. *Ś.* bhūtahitaṃ
15. *Vy.* anupadhā brahmacaryam
16. *L.* °bhaktirūpā saumyatā prasādaś ca
17. *Ki. Ny.* Brāhmaṇakṣatriyaviśāṃ samānyāni dharmasādhanāni ijyā°; *L. Ś.* brāhmaṇakṣatriyaviśāṃ ijyā°
18. *Ś.* °dānādi

Brāhmaṇasya viśiṣṭāni pratigrahādhyāpanayājanāni svavarṇavihitāś ca[1] saṃskārāḥ. Kṣatriyasya samyak prajāpālanam[2] asādhunigraho yuddheṣv anivartanaṃ svakīyāś ca saṃskārāḥ. Vaiśyasya krayavikrayakṛṣipaśupālanāni[3] svakīyāś ca saṃskārāḥ. Śūdrasya pūrvavarṇapāratantryam[4] amantrikāś[5] ca kriyāḥ. [312] Āśramiṇāṃ tu[6] brahmacāriṇo gurukulanivāsinaḥ svaśāstravihitāni guruśuśrūṣāgnīndhanabhaikṣyācaraṇāni[7] madhumāṃsadivāsvapnāñjanābhyañjanādivarjanaṃ[8] ca. [313] Vidyāvratasnātakasya kṛtadārasya[9] gṛhasthasya śālīnayāyāvaravṛttyupārjitair[10] arthair[11] bhūtamanuṣyadevapitṛbrahmākhyānāṃ pañcānāṃ mahāyajñānāṃ sāyamprātar anuṣṭhānam ekāgnividhānena pākayajñasaṃsthānāṃ ca[12] nityānāṃ śaktau vidyamānāyām agnyādheyādīnāṃ ca[13] haviryajñasaṃsthānām agniṣṭomādīnāṃ[14] somayajñasaṃsthānāṃ[15] ca[16]. Ṛtvantareṣu[17] brahmacaryam apatyotpādanaṃ ca. [314] Brahmacāriṇo gṛhasthasya vā grāmān nirgatasya[18] vanavāso[19] valkalājinakeśaśmaśrunakharomadhāraṇaṃ ca[20]. Vanyahutātithiśeṣabhojanāni[21] vāna-

1. *Ki.* svavarjavihitāś ca; *L.* svavarṇaniyatāś ca; *Ś. om.* ca
2. *Ś.* prajāparipālanam
3. *L. om.* °kṛṣi°
4. *Ś.* pūrvavarṇeṣu pāra°
5. *Vyomavatī*: amantrakāś
6. *Ś. om.* tu
7. *Ś.* °īndhanabhikṣācāraṇādīni
8. *L. om.* °abhyañjana°; *Ś. om.* °añjana°
9. *Ś.* kṛtadārakasya
10. *K.* °upājitair; *L.* gṛhasthaśālī°
11. *L. om.* arthair; *Ś.* °upārjjitair dhanair; *Vyomavatī*: dravyair
12. *Ś. om.* ca
13. *L. Ś. om.* ca
14. *Ś.* °ādīnāṃ ca
15. *Vyomavatī*: somayajñasaṃsthānām agniṣṭomādīnām
16. *Ś. om.* ca
17. *Ś.* Kratvantareṣu ca
18. *Ki. Ny. Vyomavatī om.* grāmān nirgatasya
19. *Ś.* grāmān bahir niḥsṛtya vaneṣu vāso
20. *Ki. L. Ny. Ś.&Vyomavatī om.* ca. (*Vyomavatī cites the three words together*: valkalājinakeśaśmaśrunakharomadhāraṇaṃ vanyāmbuhutātithiśeṣabhojanāni vanasthasya)
21. *L.* °bhojanādi; *Ś. Vy.* Vaṇyāmbuhutātithi°

prasthasya[1]. [315] Trayāṇām anyatamasya śraddhāvataḥ sarvabhūtebhyo nityam abhayaṃ dattvā saṃnyasya svāni karmāṇi yamaniyameṣv apramattasya ṣaṭpadārthaprasaṃkhyānād yogaprasādhanaṃ[2] pravrajitasyeti[3]. [316] Dṛṣṭaṃ[4] prayojanam anuddiśyaitāni sādhanāni bhāvaprasādaṃ cāpekṣyātmamanasoḥ[5] saṃyogād dharmotpattir iti.

B.354

[2.23a. Adharmaprakaraṇam] D.280 Ḍh.142

[317] Adharmo 'py ātmaguṇaḥ. Kartur ahitapratyavāyahetur Jh.677
atīndriyo 'ntyaduḥkhasaṃvijñānavirodhī[6]. Tasya tu sādhanāni K.643 Ki.261
śāstre pratiṣiddhāni[7] dharmasādhanaviparītāni hiṃsānṛtasteyādīni L.36 M.233
vihitākaraṇaṃ[8] pramādaś caitāni duṣṭābhisandhiṃ cāpekṣyātma- Ny.629 Ś.55
manasoḥ saṃyogād adharmasyotpattiḥ[9]. Vy.2.235

[2.22b/23b. Saṃsārāpavargaprakaraṇam]

[318] Aviduṣo rāgadveṣavataḥ pravartakād dharmāt prakṛṣṭāt svalpādharmasahitād[10] brahmendraprajāpatipitṛmanuṣyalokeṣv[11] āśayānurūpair iṣṭaśarīrendriyaviṣayasukhādibhir yogo bhavati. Tathā prakṛṣṭād adharmāt svalpadharmasahitāt pretatiryagyonisthāneṣv aniṣṭaśarīrendriyaviṣayaduḥkhādibhir[12] yogo[13] bhavati. Evaṃ[14] pravṛttilakṣaṇād dharmād adharmasahitād devamanuṣya-

---

1. *Ki. Ny. Ś. Vy.* vanasthasya.
2. *Ś.* yogasya sādhanam; *Vyomavatī*: yogasādhanam
3. *Ś. om.* iti
4. *Ḍh. K. Ki. Ś. Vy. & Nyāyakandalī*: dṛṣṭaṃ ca
5. *Ś.* copekṣya°
6. *Ś.* °duḥkasamyagjñāna°
7. *Ś.* śāstraprati°
8. *Instead of* vihitākaraṇaṃ, *L. reads* avaśyakartabyākaraṇam ayathākaraṇaṃ
9. *L.* adharmotpattiḥ; *Ś.* adharmotpattir iti; *Vy.* adharmasyo[tpattiḥ? tpādakāni].
10. *Ki.* svalpadharmasahitāt
11. *L.* °mānuṣyādīnāṃ lokeṣv
12. *L. forgets* °sukhādibhir yogo... *up to* aniṣṭaśarīrendriya°, *i.e. reads* iṣṭaśarīrendriyaviṣayaduḥkādibhir; *Ś. om.* °viṣaya°
13. *B.* °duḥkhābhiyogo
14. *Vy.* ity evam

tiryaṅnārakeṣu[1] punaḥ punaḥ saṃsāraprabandho[2] bhavati. Jh.680
[319] Jñānapūrvakāt tu kṛtād[3] asaṃkalpitaphalād viśuddhe Ny.631
kule[4] jātasya duḥkhavigamopāyajijñāsor[5] ācāryam upasaṃgamyotpannaṣaṭpadārthatattvajñānasyājñānanivṛttau[6] viraktasya rāgadveṣādyabhāvāt[7] tajjayor[8] dharmādharmayor anutpattau pūrvasaṃcitayoś[9] copabhogān[10] nirodhe santoṣasukhaṃ śarīraparicchedaṃ[11] cotpādya rāgādinivṛttau nivṛttilakṣaṇaḥ[12] kevalo dharmaḥ paramārthadarśanajaṃ[13] sukhaṃ kṛtvā nivartate. Tadā nirodhāt[14] nirbījasyātmanaḥ[15] śarīrādinivṛttiḥ[16]. Punaḥ śarīrādyanutpattau dagdhendhanānalavad upaśamo mokṣa iti.

[2.24. Śabdaprakaraṇam] B.355 D.287

[320] Śabdo 'mbaraguṇaḥ śrotragrāhyaḥ kṣaṇikaḥ kārya- Ḍh.144 Jh.692
kāraṇobhayavirodhī saṃyogavibhāgaśabdajaḥ pradeśavṛttiḥ K.645 Ki.262
samānāsamānajātīyakāraṇaḥ[17]. Sa[18] dvividho — varṇalakṣaṇo L.36 M.236
'varṇalakṣaṇaś ca[19]. Tatra[20] akārādir varṇalakṣaṇaḥ śaṅkhādi- Ny.637 Ś.55 Vy.2.23

1. *L.* °narakeṣu; *Ś.* devamānuṣatiryaṅ°
2. *D. Ḍh. Jh. K. L.* saṃsārabandho
3. *Ś.* tu karmaṇaḥ kṛtād
4. *Ś.* viśuddhakule
5. *L.* duḥkhagamopā°; *Ś.* duḥkhaviyogopā°
6. *L. Ś.* upagamyo°
7. *Ki. L. Ny. Ś. om.* °ādi°; *L.* °dveṣābhāvaḥ
8. *B.* tajjayo; *Ś.* tayor
9. *L. Ś. om.* pūrva°
10. *Ś. om.* copabhogān
11. *L. Ś.* śarīraparikhedaṃ; *Vy.* śarīrapari[cche? khe]dañ
12. *B.* cotpādya rāgādinivṛttilakṣaṇaḥ
13. *B.* paramārthadarśanaja-sukhaṃ; *Ś.* paramātmadarśanajaṃ
14. *Ki. L. Ś. om.* nirodhāt
15. *L.* tadā nityasyātmanaḥ
16. *Ś.* °nivṛttau
17. *L.* °kāraṇakaḥ
18. *K. Vy. om.* sa; *Ś.* sa ca
19. *Reading of Ki. & Ś. confirmed by Vyomavatī*; *B. D. Ḍh. Jh. K. L. Ny. Vy.* dhvanilakṣaṇaś ca
20. *L. Ś. om.* tatra

nimitto[1] 'varṇalakṣaṇaḥ[2]. [321] Tatra varṇalakṣaṇasyotpattir ātmamanasoḥ saṃyogāt smṛtyapekṣād varṇoccāraṇecchā, tadanantaraṃ prayatnas, tam apekṣamāṇād ātmavāyusaṃyogād vāyau karma jāyate[3], sa cordhvaṃ[4] gacchan kaṇṭhādīn[5] abhihanti, tataḥ sthānavāyusaṃyogāpekṣamāṇāt[6] sthānākāśasaṃyogād varṇotpattiḥ[7]. [322] Avarṇalakṣaṇo 'pi[8] bherīdaṇḍasaṃyogāpekṣād[9] bheryākāśasaṃyogād utpadyate. Veṇuparvavibhāgād[10] veṇvākāśavibhāgāc ca [323] śabdāc ca saṃyogavibhāganiṣpannād vīcīsantānavac chabdasantāna ity evaṃ santānena śrotrapradeśam āgatasya grahaṇam, śrotraśabdayor gamanāgamanābhāvād aprāptasya grahaṇaṃ nāsti[11], pariśeṣāt santānasiddhir iti[12].

Iti Praśastapādabhāṣye guṇapadārthaḥ samāptaḥ[13].

---

1. *L.* śabdādinimijo (?); *Ś.* saṅkhyādi°
2. *B. D. Ḍh. Jh. K. L. Ny. Vy.* dhvanilakṣaṇaś ca
3. *L. om.* jāyate
4. *Ś.* sa ca vāyur ūrdhvaṃ
5. *Ki.* gacchann uraḥkaṇṭhādīn
6. *B. Ki. Ny. Ś.* °saṃyogāpekṣāt; *L.* °saṃyogānapekṣamāṇāt; *Nyāyakandalī as text.*
7. *Ki.* avarṇotpattiḥ.
8. *L.* atha varṇa°; *Ś.* °lakṣaṇaś ca
9. *B. om.* sthānākāśasaṃyogād ... bherīdaṇḍasaṃyogāpekṣād; *Ki. Ny. Vy.* °saṃyogādyapekṣād; *Ś.* °saṃyogād vegāpekṣād
10. *Ki. L. Ny. Ś.* Veṇuparvavibhāgāpekṣād
11. *Ḍh. K. Vy. om.* śrotaśabdayor gamanāgamanābhāvād aprāptasya grahaṇaṃ; *Vy.* (nāsti?); *Ki. Ny.* °nābhāvād aprāptasya cānupalabdheḥ – *Nyāyakandalī as text* (?); *L.* °nābhāvāt prāpte copalabdhir iti; *Ś.* śabdāc chabdaniṣpattiḥ śabdāt saṃyogavibhāganiṣpannād vīcisantānavac chabdasantānaḥ. Evaṃ santānena śrotradeśam āgatasyāśabdasya grahaṇam. Śrotraśabdayoḥ saṃyogagamanābhāvād aprāptasya cānupalabdheḥ; *cf. Vyomavatī p. 242 l. 26*: śrotraśabdayor gamanāsaṃbhavāt santānānabhyupagame na parasparaṃ prāptiḥ, prāptasya copalambha[ḥ];
12. *Ki. om.* iti; *L. om.* pariśeṣāt santānasiddhir
13. *Ki. Vy. om. this sentence*; *L. Ś.* Guṇapadārthasamāptaḥ

Atha karmapadārthanirūpaṇam[1].

[3.1. Utkṣepaṇādikarmaprakaraṇam] B.357 D.290

[324] Utkṣepaṇādīnāṃ pañcānām api karmatvasambandhaḥ[2]. Dh.147 Jh.697 K.652
Ekadravyavattvaṃ[3] kṣaṇikatvaṃ mūrtadravyavṛttitvaṃ aguṇavat- Ki.262
tvaṃ gurutvadravatvaprayatnasaṃyogajatvaṃ[4] svakāryasaṃyoga- L.37 M.241
virodhitvaṃ saṃyogavibhāganirapekṣakāraṇatvam asamavāyi- Ny.640 Ś.56
kāraṇatvaṃ svaparāśrayasamavetakāryārambhakatvaṃ samāna- Vy.2.244
jātīyānārambhakatvaṃ[5] dravyānārambhakatvaṃ[6] ca pratiniyata-
jātiyogitvam. Digviśiṣṭakāryārambhakatvaṃ[7] ca viśeṣaḥ.

[325] Tatrotkṣepaṇaṃ śarīrāvayaveṣu tatsambaddheṣu ca yad ūrdhvabhāgbhiḥ pradeśaiḥ[8] saṃyogakāraṇam adhobhāgbhiś ca pradeśair[9] vibhāgakāraṇaṃ karmotpadyate gurutvaprayatnasaṃyogebhyas[10] tad utkṣepaṇam.

[326] Tadviparītasaṃyogavibhāgakāraṇaṃ[11] karmāpakṣepaṇam[12].

[327] Ṛjuno dravyasyāgrāvayavānāṃ taddeśair vibhāgaḥ saṃyogaś ca mūlapradeśair yena karmaṇā 'vayavī kuṭilaḥ saṃjāyate tad ākuñcanam.

---

1. *Ki. L. om.*
2. *Ś.* karmasambandhaḥ
3. *Ś.* ekadravyavṛttitvaṃ
4. *Jh. Ny.* °saṃyogavattvaṃ; *Vyomavatī om.* °dravatva°; *Nyāyakandalī as text.*
5. *Ś.* samānāsamānajātīyārambhakatvaṃ
6. *L. Ś. om.* dravyānārambhakatvaṃ; *Ś. om also* ca
7. *L.* °kāryānāraṃbhakatvaṃ
8. *L. om.* pradeśaiḥ
9. *Ki. L. Ny. om.* pradeśair
10. *Vyomavatī*: gurutvadravatvaprayatna°
11. *L.* tadvipar[ya]yeṇa saṃ[y]oga°
12. *Ki. Ny. Ś.* avakṣepaṇam.

[328] Tadviparyayeṇa saṃyogavibhāgotpattau yena karmaṇā 'vayavī ṛjuḥ sampadyate tat prasāraṇam[1].

[329] Yad aniyatadikpradeśasaṃyogavibhāgakāraṇaṃ[2] tad gamanam iti.

B.358

[3.2. Gamanaprakaraṇam] D.291

[330] Etat pañcavidham api karma śarīrāvayaveṣu tatsambaddheṣu Dh.149 Jh.702
ca satpratyayam asatpratyayaṃ ca[3]. Yad anyat tad apratyayam eva K.655 Ki.263
teṣv[4] anyeṣu ca tad gamanam iti[5]. L.37 M.245

[331] *Karmaṇāṃ jātipañcakatvam*[6] *ayuktam gamanāviśeṣāt*[7]. Ny.643 Ś.56
Sarvaṃ hi[8] kṣaṇikaṃ karma[9] gamanamātram[10] utpannaṃ svāśraya- Vy.2.247
syordhvam[11] adhas tiryag vāpy aṇumātraiḥ[12] pradeśaiḥ saṃyogavibhāgān karoti, sarvatra[13] gamanapratyayo[14] 'viśiṣṭas, tasmād gamanam eva sarvam iti.

[332] *Na, vargaśaḥ pratyayānuvṛttivyāvṛttidarśanāt*[15]. Ihotkṣepaṇaṃ paratrāpakṣepaṇam ity evamādi[16] sarvatra vargaśaḥ pratyayānuvṛttivyāvṛttī dṛṣṭe, taddhetuḥ[17] sāmānyaviśeṣabhedo

---

1. *Ś.* sañjāyate tat samprasāraṇam
2. *Ki.* Yadā niyatadigdeśa°; *Ś.* yad aniyatadigdeśavibhāgakāraṇaṃ; *Vyomavatī*: yad aniyatadigdeśa°
3. *Ś.* sampratyayam asampratyayañ ca
4. *Ki. L. Ny. & Vyomavatī* apratyayam eteṣv; *Ś.* eteṣv
5. *Ki. L. Ny. Ś. & Vyomavatī* gamanam eva.
6. *Ki. Ny. & Vyomavatī* °pañcatvam
7. *Ś.* Nanu karmaṇāṃ jātipañcakatvam ayuktaṃ gamanāt sarveṣām aviśeṣāt
8. *Vyomavatī om.* hi
9. *L. om.* karma
10. *Ki. L. Ś. & Vyomavatī* calanamātram
11. *Ś.* āśraya°
12. *Ki. Ny. Ś.* vā paramāṇuvivaramātraiḥ; *Vyomavatī*: tiryak paramāṇuvivaraṇamātraiḥ
13. *Ki. Ny. Vyomavatī* sarvatra ca
14. *L.* karmakartṛgamanapratyayo
15. *L. reads* °vyāvṛttiś ca dṛṣṭā *and drops what follows up to* dṛṣṭe
16. *Ś.* ihotkṣepaṇam avakṣepaṇam ity eva sarvatra
17. *Ś.* pratyayānuvṛttivyāvṛttiś ca dṛṣṭā. Tena taddhetuḥ

'vagamyate. Teṣām udādyupasargaviśeṣāt pratiniyatadigviśiṣṭakāryārambhatvād[1] upalakṣaṇabhedo 'pi siddhaḥ[2].

[333] *Evam api pañcaivety*[3] *avadhāraṇānupapattiḥ*[4]. Ki. 234 Ny. 645 Vy. 2.248 *Niṣkramaṇapraveśanādiṣv api vargaśaḥ pratyayānuvṛttivyāvṛttidarśanāt*[5]. Yady[6] utkṣepaṇādiṣu sarvatra vargaśaḥ pratyayānuvṛttivyāvṛttidarśanāj jātibheda iṣyate evaṃ ca[7] niṣkramaṇapraveśanādiṣv api[8]. Kāryabhedāt teṣu pratyayānuvṛttivyāvṛttī[9] iti cen, na[10], utkṣepaṇādiṣv api kāryabhedād eva pratyayānuvṛttivyāvṛttiprasaṅgaḥ. Atha samāne[11] vargaśaḥ pratyayānuvṛttivyāvṛttisadbhāva[12] utkṣepaṇādīnām eva jātibhedo na niṣkramaṇādīnām ity atra na viśeṣahetur astīti[13].

[334] *Na, jātisaṃkaraprasaṅgāt.* Niṣkramaṇādīnāṃ jātibhedāt pratyayānuvṛttivyāvṛttau[14] jātisaṃkaraḥ prasajyate. Katham? Dvayor draṣṭror ekasmād apavarakād apavarakāntaraṃ gacchato yugapan niṣkramaṇapraveśanapratyayau dṛṣṭau tathā[15] dvārapradeśe praviśati niṣkrāmatīti[16] ca. Yadā[17] tu pratisīrādy apanītaṃ

1. *Ki. Ś. & Nyāyakandalī*: °ārambhād; *L.* °kāryābhāvād
2. *Ś.* siddha iti
3. *Ś.* api caivety
4. *L.* avadhāraṇād utpattiḥ
5. *Ś. om.* °vyāvṛtti°
6. *Ś.* Yadi hi
7. *Ś. om.* ca
8. *Ki. L. om.* Yadi utkṣepaṇādiṣu ... niṣkramaṇapraveśanādiṣv api.
9. *L.* pratyayānuvṛttī
10. *L. Ś. om.* na
11. *Ś.* samāne [']pi
12. *Ś.* pratyayānuvṛttibhede ut°; *Vyomavatī om.* ° sad°
13. *Reading confirmed by Vyomavatī*; *B. D. Ḍh. Jh. K. Vy.* ity atra viśeṣahetur astīti; *Ki.* ity atra na viśeṣahetur astīti cet; *L. as text*; *Ny.* ity atra viśeṣe hetur astīti; *Ś.* ity atra na viśeṣahetur iti cet
14. *L.* pratyayavyāvṛttau
15. *L.* °praveśapratyayau dṛṣṭau yathā
16. *Ki. om.* iti; *Vyomavatī*: niṣkramatīti ca
17. *Ś.* Yadi

bhavati tadā na praveśanapratyayo nāpi niṣkramaṇapratyayaḥ[1] kiṃ tu[2] gamanapratyaya eva bhavati[3]. Tathā nālikāyāṃ vaṃśapattrādau[4] patati bahūnāṃ[5] draṣṭṝṇāṃ yugapad bhramaṇapatanapraveśanapratyayā dṛṣṭā iti jātisaṃkaraprasaṅgaḥ. Na caivam utkṣepaṇādiṣu pratyayasaṃkaro[6] dṛṣṭaḥ. Tasmād utkṣepaṇādīnām eva[7] jātibhedāt pratyayānuvṛttivyāvṛttī[8] niṣkramaṇādīnāṃ tu kāryabhedād iti.

[335] *Kathaṃ yugapat pratyayabheda iti cet.* Atha matam, Vy. 2.250
yathā jātisaṃkaro nāsty evam anekakarmasamāveśo[9] 'pi nāstīty[10] Ny. 647
ekasmin karmaṇi yugapad draṣṭṝṇāṃ bhramaṇapatanapraveśanapratyayāḥ kathaṃ bhavantīti[11]. [334!] Atra brūmaḥ[12] — *na, avayavāvayavinor digviśiṣṭasaṃyogavibhāgānāṃ*[13] *bhedāt.* Yo hi draṣṭā 'vayavānāṃ pārśvataḥ paryāyeṇa dikpradeśaiḥ saṃyogavibhāgān paśyati tasya bhramaṇapratyayo bhavati. Yo hy[14] avayavina ūrdhvapradeśair vibhāgam[15] adhaḥ saṃyogaṃ cāvekṣate[16] tasya patanapratyayo bhavati[17]. Yaḥ punar nālikāntardeśe saṃyogaṃ bahirdeśe ca vibhāgaṃ paśyati[18] tasya praveśanapratyayo bhavatīti[19]

---

1. *L.* & *Vyomavatī*: na niṣkramaṇapratyayaḥ nāpi praveśanapratyayaḥ; *Ś.* tadā niṣkramaṇapratyayo nāpi praveśanapratyaya iti
2. *L. Ś.* kiṃ tarhi
3. *L. om.* bhavati
4. *Ś.* nāḍikāyāṃ vaṃśaparṇādau
5. *Ki. Ś.* & *Vyomavatī om.* bahūnāṃ
6. *L.* pratyayajātisaṃkaro
7. *L. Ś. om.* eva
8. *L.* pratyayānuvṛttir vyāvṛttiś ca; *Ś.* pratyayavyāvṛttiḥ
9. *Ki. Ny. Vy.* anekakarmasaṅkaro 'pi; *L. om.* aneka°
10. *Vy.* 'pi ekasmin vastuni nāstīty
11. *L. om.* iti
12. *Ś. om.* atra brūmaḥ
13. *L.* & *Vyomavatī*: digdeśaviśiṣṭa°; *Ś.* digdeśaviśiṣṭasaṃyogavibhāgabhedāt yo
14. *Ki. Ny. Vyomavatī* yas tu
15. *K. Vy.* ūrdhvapradeśavibhāgam; *Ki. Ny. Vyomavatī*: ūrdhvapradeśād vibhāgam
16. *L.* vā°
17. *Ś. om.* bhavati
18. *L. om.* paśyati
19. *Ś. om.* bhavatīti

siddhaḥ kāryabhedān[1] niṣkramaṇādīnāṃ pratyayabheda iti[2].

[335!] Bhavatūtkṣepaṇādīnāṃ[3] jātibhedāt pratyayabhedaḥ Jh. 708
niṣkramaṇādīnāṃ tu kāryabhedād iti. Atha gamanatvaṃ kiṃ Vy. 2.251
karmatvaparyāya āhosvid aparaṃ sāmānyam iti. Kutas te saṃśayaḥ? Samasteṣūtkṣepaṇādiṣu[4] karmapratyayavad gamanapratyayāviśeṣāt karmatvaparyāya iti gamyate. Yatas[5] tūtkṣepaṇādivad viśeṣa-saṃjñayā 'bhihitaṃ[6] tasmād aparaṃ sāmānyaṃ syād iti. [336] Na. Karmatvaparyāyatvāt[7]. Ātmatvapuruṣatvavat karmatvaparyāya[8] eva gamanatvam iti[9]. Atha viśeṣasaṃjñayā[10] kimarthaṃ gamana-grahaṇaṃ kṛtam iti? Na, bhramaṇādyavarodhārthatvāt. Utkṣepaṇādi-śabdair anavaruddhānāṃ bhramaṇapatanasyandanādīnām[11] ava-rodhārthaṃ gamanagrahaṇaṃ kṛtam iti[12]. Anyathā hi yāny eva catvāri viśeṣasaṃjñayoktāni tāny eva sāmānyaviśeṣasaṃjñā-viṣayāṇi[13] prasajyerann iti. [337] Athavā 'stv aparaṃ sāmānyaṃ gamanatvam aniyatadigdeśasaṃyogavibhāgakāraṇeṣu bhramaṇādiṣv eva vartate. Gamanaśabdaś cotkṣepaṇādiṣu[14] bhākto draṣṭavyaḥ
svāśrayasaṃyogavibhāgakartṛtvasāmānyād iti. B. 361
D. 297
Ḍh. 153

[3.3. Satpratyayakarmaprakaraṇam] Jh. 713

K. 661

[338] Satpratyayakarmavidhiḥ katham? Cikīrṣiteṣu yajñādhy- Ki. 266
ayanadānakṛṣyādiṣu yadā hastam utkṣeptum icchaty apakṣeptum[15] L. 39-41
M. 255
Ny. 64
Ś. 59
Vy. 2.253

---

1. *Ś.* siddhakārya°
2. *L. Ś. om.* iti
3. *L.* bhavanty ut°
4. *Ki. Vyomavatī*: Samasteṣūtkṣepaṇādiṣu bhramaṇādiṣu ca karma°
5. *Ś.* yat tū°
6. *L.* viśeṣāpekṣayābhihitaṃ
7. *L.* °paryāyād
8. *Vyomavatī om.* karmatva°
9. *Ś. om.* iti
10. *Ś.* °saṃjñāyāṃ
11. *B. D. Jh. Ny.* °spandanādīnām
12. *L. Ś. om.* iti
13. *Ki. om.* °viśeṣa°
14. *Ś. Vy. & Nyāyakandalī*: °śabdas tū°
15. *L.* pratikṣesapatuṃ (?); *Ś. & Nyāyakandalī*: avakṣeptum

vā tadā hastavaty ātmapradeśe prayatnaḥ saṃjāyate. Taṃ prayatnaṃ[1] gurutvaṃ cāpekṣamāṇād ātmahasta-saṃyogād[2] dhaste karma bhavati[3] hastavat sarvaśarīrāvayaveṣu pādādiṣu śarīre ceti. [339] Tatsambaddheṣv api katham? Yadā[4] hastena musalaṃ gṛhītvecchāṃ karoty utkṣipāmi hastena musalam iti tadanantaraṃ prayatnas tam apekṣamāṇād ātmahastasaṃyogād yasminn eva[5] kāle hasta utkṣepaṇakarmotpadyate[6] tasminn eva kāle tam eva prayatnam apekṣamāṇād dhastamusalasaṃyogān musale 'pi[7] karmeti[8]. Tato[9] dūram utkṣipte musale tadarthecchā nivartate[10] punar apy apakṣepaṇecchotpadyate[11] tadanantaraṃ prayatnaḥ. Tam apekṣamāṇād yathoktāt saṃyogād[12] dhastamusalayor yugapad apakṣepaṇakarmaṇī[13] bhavataḥ. Tato 'ntyena musalakarmaṇolūkhalamusalayor abhighātākhyaḥ saṃyogaḥ kriyate. Sa[14] saṃyogo musalagatavegam[15] apekṣamāṇo 'pratyayaṃ musale[16] utpatanakarma karoti. Tat karmābhighātāpekṣaṃ musale saṃskāram ārabhate. Tam apekṣya musalahastasaṃyogo 'pratyayaṃ[17] haste 'py utpatanakarma karoti. [340] Yady api prāktanaḥ saṃskāro[18] vinaṣṭas tathāpi musalolūkhalayoḥ saṃyogaḥ[19] paṭukarmotpādakaḥ

1. *Vyomavatī*: tatprayatnaṃ
2. *Ś. adds* asamavāyikāraṇād
3. *Vyomavatī*: utpadyate
4. *L. & Vyomavatī om.* yadā
5. *L.* tasmin kāle; *L. Ś. & Vyomavatī om.* eva
6. *L.* utkṣepanaṃ karmo°; *Vyomavatī om.* utkṣepana°
7. *L. om.* 'pi
8. *Ś.* karma bhavati
9. *Ś.* Tadanantaraṃ dūram
10. *L. om.* tato dūram utkṣipte musale tadarthecchā nivartate
11. *Ś.* ava°
12. *Ki. L. Ny. Ś. Vyomavatī* saṃyogadvayād
13. *Ś.* ava°
14. *Ś.* Sa ca
15. *L. om.* °gata°
16. *L.* mus[a]lotpatana°; *Ś.* muśale 'pratyayam; *Vyomavatī*: musale'pi
17. *L.* °saṃyogapratyayaṃ
18. *Ś. adds* 'bhighātād
19. *L. Nyāyakandalī & Vyomavatī*: musalolūkhalasaṃyogaḥ

saṃyogaviśeṣabhāvāt tasya[1] saṃskārārambhe sācivyasamartho[2] bhavati. [341] Athavā prāktana eva paṭuḥ saṃskāro 'bhighātād avinaśyann[3] avasthita iti. Ataḥ[4] saṃskāravati punaḥ saṃskārārambho[5] nāsty ato yasmin[6] kāle saṃskārāpekṣād abhighātād apratyayaṃ musale utpatanakarma[7] tasminn eva kāle tam eva saṃskāram apekṣamāṇān musalahastasaṃyogād apratyayaṃ haste 'py utpatanakarmeti.

[342] Pāṇimukteṣu gamanavidhiḥ katham? Yadā tomaraṃ Ny.652 D.300
hastena gṛhītvotkṣeptum icchotpadyate[8] tadanantaraṃ prayatnas Jh.718 Ki.267
tam apekṣamāṇād yathoktāt saṃyogadvayāt tomarahastayor yugapad Vy.2.25
ākarṣaṇakarmaṇī bhavataḥ. Prasārite ca haste tadākarṣaṇārthaḥ prayatno nivartate[9]. [343] Tadanantaraṃ tiryag ūrdhvaṃ dūram[10] āsannaṃ vā kṣipāmītīcchā saṃjāyate. Tadanantaraṃ tadanurūpaḥ prayatnas tam apekṣamāṇas tomarahastasaṃyogo nodanākhyaḥ. Tasmāt[11] tomare karmotpannaṃ nodanāpekṣaṃ tasmin saṃskāram ārabhate. Tataḥ saṃskāranodanābhyāṃ tāvat karmāṇi bhavanti yāvad dhastatomaravibhāga iti. Tato vibhāgān nodane nivṛtte[12]

---

1. *L.* °viśeṣābhāvāt asya
2. *Vyomavatī*: saṃskārasācivye samartho
3. *L.* paṭusaṃskārābhighāto na vinaśyann
4. *L. om.* ataḥ
5. *Ś.* saṃskāro
6. *Ś.* yasminn eva
7. *L.* utpatanaṃ karma
8. *Ki.* hastena gṛhītvā hastena tomaram utkṣipāmi ity utkṣeptum icchotpadyate; *Ny.* tomaraṃ hastena gṛhītvotkṣeptum icchotpadyate hastena tomaram utkṣipāmi iti (*Nyāyakandalī om. first* hastena); *Ś.* tomaraṃ gṛhītvā hastenotkṣeptum; *Vyomavatī*: gṛītvecchāṃ karoti hastena utkṣipāmi tomaram iti
9. *L.* vyāvartate
10. *L.* madhye [d]ūram; *Vyomavatī*: adho dūram
11. *Ś. adds* nodanākhyād yathoktād
12. *Ki. Ś.* & *Vyomavatī* nivṛtte nodane; *L.* tato vibhāgātibṛtanodanasaṃskārājadana (?)

saṃskārād ūrdhvaṃ tiryag dūram[1] āsannaṃ vā prayatnānurūpāṇi[2] karmāṇi bhavanty ā patanād iti.

[344] Tathā yantramukteṣu[3] gamanavidhiḥ katham? Yo balavān D. 301 Jh. 720
kṛtavyāyāmo vāmena kareṇa[4] dhanur viṣṭabhya dakṣiṇena śaraṃ Vy. 2.256
sandhāya saśarāṃ jyāṃ muṣṭinā gṛhītvā ''karṣaṇecchāṃ[5] karoti sajyeṣv[6] ākarṣayāmy[7] etad[8] dhanur iti. Tadanantaraṃ prayatnaḥ. Tam apekṣamāṇād ātmahastasaṃyogād ākarṣaṇakarma haste yadaivotpadyate tadaiva tam eva prayatnam apekṣamāṇād dhastajyāśarasaṃyogāj jyāyāṃ śare ca karma. Prayatnaviśiṣṭahastajyāśarasaṃyogam[9] apekṣamāṇābhyāṃ jyākoṭisaṃyogābhyāṃ[10] karmaṇī bhavato[11] dhanuṣkoṭyor ity etat sarvaṃ yugapat. [345] Evam ā karṇād ākṛṣṭe[12] dhanuṣi nātaḥ param anena gantavyam iti yaj jñānaṃ tatas tadākarṣaṇārthasya prayatnasya[13] vināśas[14] tataḥ punar mokṣaṇecchā saṃjāyate[15]. Tadanantaraṃ prayatnaḥ. Tam apekṣamāṇād ātmāṅgulisaṃyogād aṅgulikarma. Tasmāj jyāṅgulivibhāgaḥ[16]. Tato vibhāgāt saṃyogavināśaḥ[17]. Tasmin vinaṣṭe prati-

1. *Ś. om.* dūram
2 *Ki. & Vyomavatī* tadanurūpāṇi; *L. om.* ūrdhvaṃ tiryag dūram āsannaṃ vā prayatnānu°
3. *Ki. Ny.* °mukteṣv api
4. *L.* pāṇinā
5. *Ś.* jyāṃ gṛhītvecchāṃ
6. *Vyomavatī*: sajyeṣum
7. *L.* sandhā[y]a śaraṃ jyāṃ muṣṭyā gṛhītvecchāṃ karoti sajyo [']pi ākṛṣyāmy
8. *Vy. Vyomavatī*: enaṃ (*this commentary explains*: saha jyayā vartata iti sajyaḥ, sa cāsāv iṣuś ceti tathoktaḥ, tam enaṃ sajyeṣum ākarṣayāmi dhanuś ceti)
9. *Ki. Nyāyakandalī & Vyomavatī om.* °śara°; *Ś.* prayatnaviśiṣṭaṃ hasta°
10. *Ś.* dhanurjyā°
11. *Ś. om.* bhavato
12. *Ś.* ākarṇāntākṛṣṭe
13. *L. om.* prayatnasya
14. *Ś.* vināśa iti
15. *Ś. om.* saṃjāyate
16. *L. & Nyāyakandalī*: aṅgulivibhāgaḥ; *Ś.* jyāṅguliśaravibhāgaḥ; *Vyomavatī*: aṅgulijyāvibhāgaḥ
17. *Ś.* °vināśa iti

bandhakābhāvād yadā dhanuṣi vartamānaḥ sthitisthāpakaḥ[1] saṃskāro maṇḍalībhūtaṃ dhanur yathāvasthitaṃ sthāpayati tadā tam eva[2] saṃskāram apekṣamāṇād dhanurjyāsaṃyogāj[3] jyāyāṃ śare ca[4] karmotpadyate. Tat svakāraṇāpekṣaṃ jyāyāṃ[5] saṃskāraṃ karoti. Tam apekṣamāṇa iṣujyāsaṃyogo nodanaṃ. Tasmād iṣāv ādyaṃ karma nodanāpekṣam iṣau saṃskāram ārabhate. Tasmāt saṃskārān nodanasahāyāt tāvat karmāṇi bhavanti yāvad iṣujyāvibhāgaḥ. Vibhāgān nivṛtte nodane karmāṇy uttarottarāṇīṣusaṃskārād evā patanād iti[6]. [346] Bahūni karmāṇi kramaśaḥ. Kasmāt? Saṃyogabahutvāt. Ekas tu saṃskāro 'ntarāle karmaṇo 'pekṣākāraṇābhāvād[7] iti.

Evam ātmādhiṣṭhiteṣu satpratyayam asatpratyayaṃ ca karmoktam[8]. B 365

[3.4. Apratyayakarmaprakaraṇam] D.303 Dh.158

[347] Anadhiṣṭhiteṣu bāhyeṣu caturṣu mahābhūteṣv apratyayaṃ[9] Jh.725 K.669
karma gamanam eva nodanādibhyo bhavati. [348] Tatra nodanaṃ Ki.268 L.41-43
gurutvadravatvavegaprayatnān[10] samastavyastān apekṣamāṇo M.264 Ny.657
yaḥ saṃyogaviśeṣo, nodanam avibhāgahetor ekasya[11] karmaṇaḥ Ś.61
kāraṇam[12]. Tasmāc caturṣv api mahābhūteṣu karma bhavati. Yathā[13] Vy.2.260
paṅkākhyāyāṃ pṛthivyām.

1. *L.* dhanuṣi sthitasthāpakaḥ
2. *L. om.* tam eva
3. *Ś.* jyādhanuḥsaṃyogāj
4. *L. Ś. om.* śare ca
5. *L.* °pekṣajyāyāṃ
6. *Ś.* Tato vibhāgān nodane nivṛtte karmāṇy uttarottarāṇi saṃskārād ā patanād iti
7. *Ś.* 'pekṣya kā°
8. *Ś.* karmoktam iti
9. *L.* °bhūteṣu pratyayaṃ
10. *Nyāyakandalī & Vyomavatī*: °prayatnavegān
11. *Ki. Ny. Ś. Vy. om.* ekasya; *L.* nodana[m] avibhāgakṛta ekasya; *Vy.* nodanam parasparam avibhāgakṛtaḥ
12. *Ś.* kāraṇam iti
13. *L.* tad yathā

[349] Vegāpekṣo yaḥ saṃyogaviśeṣo vibhāgahetor[1] ekasya karmaṇaḥ kāraṇaṃ[2] so 'bhighātaḥ[3]. Tasmād api caturṣu[4] mahābhūteṣu karma bhavati. Yathā pāṣāṇādiṣu niṣṭhure vastuny abhipatiteṣu. [350] Tathā[5] pādādibhir nudyamānāyām abhihanyamānāyāṃ vā paṅkākhyāyāṃ pṛthivyāṃ[6] yaḥ saṃyogo nodanābhighātayor anyatarāpekṣa ubhayāpekṣo vā sa[7] saṃyuktasaṃyogaḥ. Tasmād api pṛthivyādiṣu karma bhavati[8]. Ye ca[9] pradeśā na nudyante nāpy abhihanyante[10] teṣv api karma jāyate.

[351] Pṛthivyudakayor gurutvavidhārakasaṃyogaprayatnavegābhāve[11] sati gurutvād yad adhogamanaṃ tat patanam. Yathā musalaśarīrādiṣūktam[12]. Tatrādyaṃ[13] gurutvād dvitīyādīni tu[14] gurutvasaṃskārābhyām.

[352] Srotobhūtānām apāṃ sthalān nimnābhisarpaṇaṃ yat tad dravatvāt syandanam. Katham? Samantād rodhaḥsaṃyogenāvayavidravatvaṃ pratibaddham. Avayavadravatvam apy ekārthasamavetaṃ tenaiva pratibaddham. Uttarottarāvayavadravatvāni[15]

---

1. *L.* vegāpekṣayoḥ saṃyogaviśeṣo vibhāgakṛta; *Ś.* saṃyogo vi°; *Vyomavatī*: saṃyogaviśeṣo parasparaṃ vibhāgahetor
2. *L. om.* kāraṇaṃ
3. *Ś.* so 'bhighātākhyaḥ
4. *Ś. om.* caturṣu
5. *L. Ś. om.* niṣṭhure vastuny abhipatiteṣu; *L.* tathā pāṣāṇādiṣu tathā; *Ś.* Yathā pāṣāṇādiṣu pādādibhir
6. *L. om.* pṛthivyāṃ
7. *L.* & *Nyāyakandalī om.* sa
8. *Ki. L. Ny. Ś. om.* pṛthivyādiṣu karma bhavati.
9. *L. Ny. Ś. om.* ca
10. *L.* hanyante
11. *L.* gurutvavidāra°
12. *L.* mus[a]laśarīreṣv ādiṣu; *Ny. Ś.* musalaśarīreṣv ādiṣūktam; *Nyāyakandalī as text.*
13. *L.* tatrāyaṃ; *Ś.* Tatrādyaṃ karma guru°
14. *L. om.* tu
15. *Ki. L. Vyomavatī* °dravatvāni tu (*but L. drops the preceding sentence*: °dravatvaṃ prativaddhaṃ avayavadravatvāṇi tu); *Ś.* uttarottarāṇi avayava°

saṃyuktasaṃyogaiḥ pratibaddhāni. Yadā tu mātrayā[1] setubhedaḥ kṛto bhavati tadā samantāt pratibaddhatvād avayavidravatvasya[2] kāryārambho nāsti[3]. Setusamīpasthasyāvayavadravatvasyottarottareṣām[4] avayavadravatvānāṃ pratibandhakābhāvād vṛttilābhaḥ. [353] Tataḥ kramaśaḥ saṃyuktānām evābhisarpaṇam. Tataḥ pūrvadravyavināśe sati[5] prabandhenāvasthitair avayavair dīrghaṃ dravyam[6] ārabhyate. Tatra ca[7] kāraṇaguṇapūrvakrameṇa[8] dravatvam utpadyate. Tatra ca[9] kāraṇānāṃ saṃyuktānāṃ prabandhena gamane yad avayavini karmotpadyate tat syandanākhyam iti.

[354] Saṃskārāt karmeṣvādiṣūktam. Tathā cakrādiṣv avayavānāṃ pārśvataḥ[10] pratiniyatadigdeśasaṃyogavibhāgotpattau yad avayavinaḥ[11] saṃskārād aniyatadigdeśasaṃyogavibhāganimittaṃ[12] karma tad bhramaṇam iti. Evamādayo gamanaviśeṣāḥ. B.368 D.308

[355] Prāṇākhye tu[13] vāyau karmātmavāyusaṃyogād icchā- Ḍh.161 Jh.733
dveṣapūrvakaprayatnāpekṣāj[14] jāgrata icchānuvidhānadarśanāt[15], K.670
suptasya tu[16] jīvanapūrvakaprayatnāpekṣāt. [356] Ākāśakāladig- Ki.270 L.42
ātmanāṃ[17] saty api dravyabhāve[18] niṣkriyatvaṃ[19] sāmānyādivad M.269 Ny.662

Ś.62 Vy.2.26

1. *L.* & *Vyomavatī om.* mātrayā
2. *Ś.* pratibaddhasyāvayavi°
3. *L.* na bhavati
4. *L.* setos tu samīpasthasyāvayavadravatvasyottareṣām; *Ś.* Setusamīpasthasya tv avayava°
5. *L. Ś. om.* sati
6. *Ś.* dīrghadravyam
7. *Ś. om.* ca
8. *L.* °pūrvakakrameṇa
9. *Ki. om.* ca
10. *L.* nānāpārśvataḥ
11. *L. Ś.* yad avayavini
12. *L. om.* °vibhāga°
13. *Ś. om.* tu
14. *Ny. Ś. om.* °pūrvaka°
15. *Ś.* icchānuvidhānāt
16. *L. Ś. om.* tu; *Ś.* suṣuptasya
17. *B.* °ātmanasāṃ; *L.* °ātmanaḥ
18. *Ś.* dravyatve
19. *L.* niṣkriyāt; *Vyomavatī*: Ākāśakāladigātmanaḥ [*for* °ātmānaḥ?] saty api

amūrtatvāt[1]. Mūrtir asarvagatadravyaparimāṇaṃ[2] tadanuvidhāyinī ca kriyā. Sā cākāśādiṣu[3] nāsti[4]. Tasmān na teṣāṃ kriyāsambandho 'stīti.

[357] Savigrahe manasīndriyāntarasambandhārthaṃ[5] jāgrataḥ karmātmamanaḥsaṃyogād icchādveṣapūrvakaprayatnāpekṣād[6] anv abhiprāyam[7] indriyāntareṇa viṣayāntaropalabdhidarśanāt[8]. Suptasya prabodhakāle jīvanapūrvakaprayatnāpekṣāt. [358] Apasarpaṇa-karmopasarpaṇakarma cātmamanaḥsaṃyogād[9] adṛṣṭāpekṣāt. Katham? Yadā jīvanasahakāriṇor[10] dharmādharmayor upabhogāt prakṣayo[11] 'nyonyābhibhavo[12] vā tadā jīvanasahāyayor vaikalyāt[13] tatpakaprayatnavaikalyāt prāṇanirodhe[14] saty anyābhyāṃ labdha-vṛttibhyāṃ dharmādharmābhyām[15] ātmamanaḥsaṃyogasahāyā-bhyāṃ[16] mṛtaśarīrād vibhāgakāraṇam[17] apasarpaṇakarmotpadyate. [359] Tataḥ śarīrād bahir apagataṃ tābhyām eva dharmādharmā-

---

dravyabhāve niṣkriyāḥ

1. *Vy.* sāmānyādimūrtatvāt *due to error.*
2. *L.* mūrtiḥ sarva°
3. *L. om.* ca
4. *Ś.* nāstīti
5. *L.* savigr[a]heṇa manasemdriyāṃtarasaṃbaṃdhanārthaṃ
6. *Ś.* °prayatnād
7. *L.* anvitaprāyam
8. *Ki. Ś.* & *Nyāyakandalī*: viṣayopalabdhidarśanāt.
9. *Ś.* Apasarpaṇam utsarpaṇaṃ ca karmātmamanasoḥ saṃyogād; *Vy.* cātmanaḥ saṃyogād; *Vyomavatī as in text.*
10. *Ki. L.* °kāriṇo dharma°
11. *L.* pratyayakṣayo
12. *B.* 'nyābhibhavo
13. *Ki.* & *Vyomavatī*: jīvanasahāyavaikalye; *L.* tato jīvanasahakārivaikalye; *Ny.* jīvanasahāyayor vaikalye; *Ś. reads* vaikalpāt *and om.* upabhogāt prakṣayo 'nyonyābhibhavo vā tadā jīvanasahāyayor
14. *Ś.* pūrvaprayatnavaikalpāt prāṇavāyor nirodhe
15. *L.* & *Vy.* anyābhyāṃ vṛttilabdhadharmādharmābhyām
16. *Ś.* °sacivābhyāṃ; *Vyomavatī*: °sahakāribhyāṃ
17. *Ś.* °karaṇaṃ

bhyāṃ samutpannenā[1] ''tivāhikaśarīreṇa sambadhyate. Tatsaṃkrāntaṃ ca[2] svargaṃ narakaṃ vā gatvā ''śayānurūpeṇa śarīreṇa sambadhyate[3]. Tatsaṃyogārthaṃ karmopasarpaṇam[4] iti. Yogināṃ ca[5] bahir udrecitasya[6] manaso 'bhipretadeśagamanaṃ[7] pratyāgamanaṃ ca. Tathā[8] sargakāle pratyagreṇa śarīreṇa sambandhārthaṃ karmādṛṣṭakāritam. [360] Evam[9] anyad api mahābhūteṣu yat pratyakṣānumānābhyām anupalabhyamānakāraṇam[10] upakārāpakārasamarthaṃ[11] ca bhavati[12] tad apy[13] adṛṣṭakāritam. Yathā[14] sargādāv aṇukarma, agnivāyvor ūrdhvatiryaggamane[15], mahābhūtānāṃ prakṣobhaṇam, abhiṣiktānāṃ[16] maṇīnāṃ taskaraṃ[17] prati gamanam, ayaso 'yaskāntābhisarpaṇaṃ ceti[18].

Iti Praśastapādabhāṣye karmapadārthaḥ samāptaḥ[19].

---

1. *Vyomavatī*: sampāditena (?)
2. *Ś. om.* ca
3. *L. & Vyomavatī*: saṃyujyate; *L. om.* śarireṇa
4. *L.* karmāpasarpaṇākhyam; *Ś. & Vyomavatī*: karmopasarpaṇākhyam
5. *Ś.* Yogino bahir
6. *L.* vahir atrocitasya
7. *Ś.* 'bhipretadeśe gamanaṃ
8. *L. Ś. om.* tathā
9. *Ki. Ś. & Vyomavatī om.* Evam
10. *L. Ś.* °mānābhyām upalabhyamānaṃ kāraṇam
11. *L.* apakāropakār[ā]rthaṃ
12. *Ki. Ny. & Vyomavatī om.* ca bhavati; *Ś. om. only* ca
13. *L. om.* api
14. *Ś.* tathā
15. *Ś.* °gamanaṃ
16. *Vyomavatī om.* abhiṣiktānāṃ
17. *L.* prakṣobhe[']dhivāsitānāṃ aṇūnāṃ saṃskāraṃ
18. *L.* °sarpaṇam iveti
19. *Ki.* Karmapadārthaḥ; *L. Ś. om.* iti praśastapādabhāṣye; *Vy. om. this sentence.*

Atha sāmānyapadārthanirūpaṇam[1]. B.370

D.311
Dh.164

[361] Sāmānyaṃ dvividham[1] — param aparaṃ ca. Svaviṣaya- Jh.741
sarvagatam abhinnātmakam[2] anekavṛtti ekadvibahuṣv ātmasva- K.677 Ki.271
rūpānugamapratyayakāri[3] svarūpābhedenādhāreṣu prabandhena L.43 M.276
vartamānam anuvṛttipratyayakāraṇam[4]. [362] Katham? Prati- Ny.668 Ś.63
piṇḍaṃ sāmānyāpekṣaṃ prabandhena jñānotpattāv abhyāsa- Vy.2.268
pratyayajanitāc[5] ca saṃskārād atītajñānaprabandhapratyavekṣaṇād yad anugatam asti tat sāmānyam iti[6].

[363] Tatra sattāsāmānyaṃ param[7] anuvṛttipratyayakāraṇam eva. Yathā parasparaviśiṣṭeṣu carmavastrakambalādiṣv ekasmān[9] nīladravyābhisambandhān[10] nīlaṃ nīlam iti pratyayānuvṛttiḥ, tathā parasparaviśiṣṭeṣu dravyaguṇakarmasv aviśiṣṭā sat sad[11] iti pratyayānuvṛttiḥ, sā cārthāntarād[12] bhavitum arhatīti[13], yat tad arthāntaraṃ sā satteti siddhā. Sattānusambandhāt sat sad[14] iti pratyayānuvṛttiḥ, tasmāt sā[15] sāmānyam eva.

1. *Ki. L. Ś. om.*
2. *Ś.* dvividhaṃ sāmānyaṃ
3. *Ki. L. Ny. Ś. Vy.* abhedātmakam
4. *Ki. L. Ny. Ś. & Vyomavatī*: ātmasvarūpānuvṛttipratyayakāraṇaṃ
5. *L.&Vyomavatī*: anuvṛttibuddhikāraṇam; *Ś. om.* svarūpābhedenādhāreṣu prabandhena vartamānam anuvṛttipratyayakāraṇam
6. *L.* prabandhajñānotpattāv ābhyāṃ sapratyaya°
7. *Ś.* Pratipiṇḍaṃ sāmānyāpekṣajñānotpattāv abhyāsapratyayajanitasaṃskārād atītajñāna–prabandhapratyayāvekṣaṇād yat samanugatam asti tat sāmānyam
8. *Ki. Vy.* Tatra sattā paraṃ sāmānyam anuvṛtti°; *Ś. & Nyāyakandalī*: Tatra paraṃ sattāsāmānyam anuvṛtti°
9. *Ki. Ś. & Vyomavatī*: anyasmān
10. *Ś.* nīlīdravyasambandhān; *Vyomavatī*: nīladravyasambandhān
11. *L.* saṃsad
12. *Ki.&Vyomavatī*: sā cārthāntarasambandhād; *Ny.* sā cārthāntarād sambandhād
13. *Ś. om.* iti
14. *L.* sattāsaṃba[n]dhā sat sad; *Ś. om.* sattānusambandhāt
15. *Ki. L. Vyomavatī om.* sā; *Ś.* tasmāt sattāsāmānyam eva

[364] Aparaṃ dravyatvaguṇatvakarmatvādy[1] anuvṛttivyāvṛttihetutvāt[2] sāmānyaṃ viśeṣaś ca bhavati[3]. Tatra dravyatvaṃ parasparaviśiṣṭeṣu pṛthivyādiṣv anuvṛttihetutvāt[4] sāmānyam guṇakarmabhyo[5] vyāvṛttihetutvād[6] viśeṣaḥ. Tathā guṇatvaṃ parasparaviśiṣṭeṣu rūpādiṣv anuvṛttihetutvāt[7] sāmānyaṃ, dravyakarmabhyo vyāvṛttihetutvād[8] viśeṣaḥ. Tathā karmatvaṃ parasparaviśiṣṭeṣūtkṣepaṇādiṣv anuvṛttipratyayahetutvāt[9] sāmānyaṃ dravyaguṇebhyo vyāvṛttihetutvād viśeṣaḥ. [365] Evaṃ pṛthivītvarūpatvotkṣepaṇatvagotvaghaṭatvapaṭatvādīnām[10] api[11] prāṇyaprāṇigatānām anuvṛttivyāvṛttihetutvāt[12] sāmānyaviśeṣabhāvaḥ siddhaḥ. Etāni tu[13] dravyatvādīni[14] prabhūtaviṣayatvāt prādhānyena sāmānyāni, svāśrayaviśeṣakatvād[15] bhaktyā viśeṣākhyānīti.

[366] Lakṣaṇabhedād eṣāṃ dravyaguṇakarmabhyaḥ padārthāntaratvaṃ siddham[16]. Ata eva ca nityatvam. [367] Dravyādiṣu vṛttiniyamāt[17] pratyayabhedāc ca parasparataś cānyatvam. Pratyekaṃ svāśrayeṣu lakṣaṇāviśeṣād viśeṣalakṣaṇābhāvāc[18] caikatvam. [368]

---

1. *Ki.* dravyatvaguṇakarmatvādi; *L.* dravyatvaguṇatvakarmatvam iti
2. *Ki. Ny. Ś.* anuvṛttivyāvṛttipratyayahetutvāt; *Nyāyakandalī as text.*
3. *Ś. om.* bhavati
4. *Ki. Ny. Ś. & Vyomavatī*: anuvṛttipratyayahetutvāt
5. *L.* karmaguṇebhyo
6. *Ki. Ny. & Vyomavatī*: vyāvṛttipratyayahetutvād; *Nyāyakandalī as text.*
7. *Ś. Nyāyakandalī & Vyomavatī*:anuvṛttipratyayahetutvāt
8. *Ś. & Nyāyakandalī*: vyāvṛttipratyayahetutvād
9. *L. & Vyomavatī*: anuvṛttihetutvāt
10. *L. reads* °gamanatva° *for* °gotva° *and om.* °paṭatva°; *Ś. om.* °gotva°
11. *Ś. om.* api
12. *L.* anuvṛttihetutvāt; *Ś.* °vyāvṛttipratyayahetutvāt
13. *Ki. L. Ny. Ś. & Vyomavatī om.* tu; *Ś.* Tāni
14. *L.* dravyatvāni
15. *Ki.* °viśeṣād
16. *Ś.* padārthāntaraṃ (tvaṃ) ca siddham
17. *L.* dravyādiṣv iti niyamāt; *Ś.* dravyādiṣv anuvṛttiniyamāt
18. *Ki. L.* lakṣaṇaviśeṣād viśeṣalakṣaṇabhāvāc; *Ś.* lakṣaṇaviśeṣād viśeṣalakṣaṇābhāvāc

Yady apy aparicchinnadeśāni sāmānyāni bhavanti[1] tathāpy upalakṣaṇaniyamāt kāraṇasāmagrīniyamāc ca svaviṣayasarvagatāni. Antarāle ca[2] saṃyogasamavāyavṛttyabhāvād avyapadeśyānīti.

Iti Praśastapādabhāṣye sāmānyapadārthaḥ samāptaḥ[3].

1. *Ki. L. Ny. Ś. & Vyomavatī om.* bhavanti; *L.* °deśasāmānyāni
2. *L. Ś. om.* ca
3. *Ki.* Sāmānyapadārthaḥ. iti; *L. Ś. om.* iti praśastapādabhāṣye; *Vy. om. this sentence.*

Atha viśeṣapadārthanirūpaṇam[1]. B.372 D.321

[369] Anteṣu bhavā[2] antyāḥ svāśrayaviśeṣakatvād[3] viśeṣāḥ[4]. Ḍh.168 Jh.765 K.691
Vināśārambharahiteṣu nityadravyeṣv[5] aṇvākāśakāladigātma- Ki.272 L.44
manaḥsu pratidravyam ekaikaśo vartamānā atyantavyāvṛttibuddhi- M.284 Ny.684
hetavaḥ[6]. [370] Yathāsmadādīnāṃ gavādiṣv aśvādibhyas tulyākṛti- Ś.64
guṇakriyāvayavasaṃyoganimittā[7] pratyayavyāvṛttir dṛṣṭā gauḥ[8] Vy.2.28:
śuklaḥ śīghragatiḥ[9] pīnakakudmān[10] mahāghaṇṭa iti. Tathāsmad-
viśiṣṭānāṃ yogināṃ nityeṣu tulyākṛtiguṇakriyeṣu paramāṇuṣu
muktātmamanaḥsu cānyanimittāsambhavād yebhyo nimittebhyaḥ
pratyādhāraṃ vilakṣaṇo 'yaṃ vilakṣaṇo 'yam[11] iti pratyayavyāvṛttiḥ,
deśakālaviprakarṣe[12] ca paramāṇau sa evāyam iti pratyabhijñānaṃ
ca bhavati, te[13] 'ntyā viśeṣāḥ[14]. [371] Yadi punar antyaviśeṣam
antareṇa yogināṃ yogajād dharmāt[15] pratyayavyāvṛttiḥ pratyabhi-
jñānaṃ ca syāt[16] tataḥ kiṃ syāt[17]? Naivaṃ bhavati[18]. Yathā na[19]
yogajād dharmād aśukle śuklapratyayaḥ[20] saṃjāyate atyantādṛṣṭe

---

1. *Ki. L. om.*
2. *Ś.* Antebhavā
3. *Ś.* °viśeṣatvād
4. *L.* viśeṣā eva
5. *Ś.* nityeṣv aṇvā°
6. *L.* tathā byābṛttabuddhihe[t]avo yathā°; *Ś.* °vyāvṛttabuddhi°
7. *L.* °kriyopapacayāvayavasaṃ° (?)
8. *L. Ś.* dṛṣṭā yathā gauḥ
9. *L.* śuklaśīghrāgatiḥ
10. *Ki. L. Ny. Vyomavatī* pīnaḥ kakudmān; *Ś. om.* pīna°
11. *Ś.* °dhāram ayam asmād vilakṣaṇa
12. *Ki. L. Ny.* °viprakarṣadṛṣṭe; *Ś.* °viśiṣṭe; *Vyomavatī*: °viprakṛṣṭe 'dṛṣṭe
13. *L. Ś.* yatas te
14. *Ś.* viśeṣā iti
15. *L.* yaugajadharmāt; *Ś.* & *Vyomavatī*: yogajadharmāt
16. *Ḍh.* na syāt; *Ki. om.* ca syāt
17. *L. om.* tataḥ kiṃ syāt
18. *Vyomavatī*: syāt ko doṣaḥ? Evaṃ naiva bhavati
19. *B. Ḍh. K.* Yathā ca; *Vy.* Yathā c[ā] yoga°; *Vyomavatī*: yathā cāyoga°
20. *B.* dharmād aśuklapratyayaḥ; *Ki.* śuklaḥ pratyayaḥ

ca[1] pratyabhijñānam[2], yadi syān[3] mithyā bhavet[4], tathehāpy[5] antyaviśeṣam[6] antareṇa yogināṃ na yogajād dharmāt[7] pratyayavyāvṛttiḥ pratyabhijñānaṃ vā bhavitum arhati[8]. [372] Athāntyaviśeṣeṣv iva paramāṇuṣu kasmān na svataḥ pratyayavyāvṛttiḥ kalpyata[9] iti cen, na, tādātmyāt[10]. Ihātadātmakeṣv anyanimittaḥ pratyayo bhavati[11], yathā ghaṭādiṣu pradīpāt, na tu pradīpe pradīpāntarāt[12]. Yathā gavāśvamāṃsādīnāṃ[13] svata evāśucitvaṃ tadyogād anyeṣāṃ tathehāpi tādātmyād antyaviśeṣeṣu svata eva pratyayavyāvṛttis tadyogāt paramāṇvādiṣv[14] iti.

Iti Praśastapādabhāṣye viśeṣapadārthaḥ samāptaḥ[15].

1. *Ś. om.* ca
2. *L. & Vyomavatī*: atyantādṛṣṭapūrve ca pratyabhijñānañ ca
3. *L. om.* syān
4. *Ś.* mithyāpratyayaḥ syāt
5. *L.* tadehāpy
6. *Ś.* antavi°
7. *L.* antareṇa yogināṃ yogajād dharmān na; *Ś.* antareṇa yogināṃ yogajadharmāt; *Vyomavatī*: antareṇa yogajadharmān na
8. *L.* arhatīti; *Ś.* °jñānaṃ ca bhavitum adhikaroti
9. *Ki.* pratyayavṛttiḥ kalpyata; *L.* °byāvṛttiḥ pratyabhijñānaṃ vā kalpita; *Ś.* °vyāvṛttiḥ pratyabhijñānaṃ vā kalpyata
10. iti na tāvat syāt
11. *Vyomavatī*: dṛṣṭo; *Ś.* Iha tādātmyakalpanānimittapratyayo bhavati
12. *L. Ś.* na tu pradīpe pradīpāt
13. *L. Ś.* yathā cāśvamāṃsādīnāṃ; *Ny.* Yathā vāśvamāṃsādīnāṃ
14. *L. & Vyomavatī*: paramāṇuṣv
15. *Ki. Ś.* Viśeṣapadārthaḥ; *L. om.* praśastapādabhāṣye; *Vy. om. this sentence.*

Atha samavāyapadārthanirūpaṇam[1]. B.373 D.324 Dh.171

[373] Ayutasiddhānām ādhāryādhārabhūtānāṃ yaḥ sambandha Jh.773 K.696
ihapratyayahetuḥ sa samavāyaḥ. Dravyaguṇakarmasāmānyaviśeṣāṇāṃ Ki.273 L.45
kāryakāraṇabhūtānām akāryakāraṇabhūtānāṃ vā[2] 'yutasiddhānām M.289
ādhāryādhārabhāvenāvasthitānām ihedam iti buddhir yato bhavati Ny.688 Ś.65
yataś cāsarvagatānām adhigatānyatvānām aviṣvagbhāvaḥ[3] sa Vy.2.287
samavāyākhyaḥ sambandhaḥ. [374] Katham? Yatheha kuṇḍe dadhīti pratyayaḥ sambandhe sati dṛṣṭas, tatheha[4] tantuṣu paṭaḥ, iha vīraṇeṣu kaṭaḥ, iha dravye guṇakarmaṇī[5], iha dravyaguṇakarmasu[6] sattā, iha dravye dravyatvam[7], iha guṇe guṇatvam, iha karmaṇi karmatvam, iha nityadravye 'ntyā viśeṣā[8] iti pratyayadarśanād[9] asty eṣāṃ sambandha iti jñāyate[10].

[375] Na cāsau saṃyogaḥ, sambandhinām ayutasiddhatvād, anyatarakarmādinimittāsambhavād[11], vibhāgāntatvādarśanād[12], adhikaraṇādhikartavyayor eva bhāvād iti[13].

[376] Sa ca dravyādibhyaḥ padārthāntaraṃ, bhāvaval lakṣaṇabhedāt. Yathā bhāvasya dravyatvādīnāṃ svādhāreṣv ātmānurūpapratyayakartṛtvāt[14] svāśrayādibhyaḥ parasparataś cārthāntarabhāvaḥ, tathā samavāyasyāpi pañcasu[15] padārtheṣv iheti pratyayadarśanāt

1. *Ki. L. om.*
2. *Vyomavatī*: cā°
3. *L.* °bhāve nāvasthitānāṃ sa
4. *L.* sati atheha
5. *Ki. Ś.* dravye dravyaguṇakarmāṇi
6. *Ś.* °karmasv api
7. *K. Ki. Vy. om.* iha dravyaguṇakarmasu sattā iha dravye dravyatvam
8. *Ś.* iha nitye 'ntyaviśeṣā
9. *L.* itīhapratyaya°
10. *L.* vijñāyate
11. *L.* °karmajādinimitasyābhavat; *Ś.* °karmajādinimittabhāvād
12. *Ki.* vibhāgāntaratvādarśanād
13. *L.* eva ca bhāvād iti ca
14. *L.* °ntaraṃ tīvalakṣaṇabhedāt yathā bhāvadravyatvādīnāṃ svādhāreṣv anurū[p]apratyayatvāt; *Ś.* svādhāre svātmā°
15. *Ś.* pañcasv api

tebhyaḥ padārthāntaratvam iti. [377] Na[1] ca saṃyogavan nānātvaṃ[2], bhāvaval liṅgāviśeṣād[3] viśeṣaliṅgābhāvāc ca. Tasmād bhāvavat sarvatraikaḥ samavāya iti[4].

[378] Nanu[5] yady ekaḥ samavāyo[6] dravyaguṇakarmaṇāṃ[7] dravyatvaguṇatvakarmatvādiviśeṣaṇaiḥ saha[8] sambandhaikatvāt padārthasaṃkaraprasaṅga iti, [379] na, ādhārādheyaniyamāt[9]. Yady apy ekaḥ samavāyaḥ sarvatra[10] svatantras tathāpy ādhārādheyaniyamo 'sti. Katham? Dravyeṣv eva dravyatvaṃ, guṇeṣv eva guṇatvaṃ, karmasv eva karmatvam iti [380] evamādi. Kasmāt? Anvayavyatirekadarśanāt. Iheti samavāyanimittasya jñānasyānvayadarśanāt sarvatraikaḥ samavāya iti gamyate. Dravyatvādinimittānāṃ[11] vyatirekadarśanāt pratiniyamo jñāyate[12]. [381] Yathā kuṇḍadadhnoḥ saṃyogaikatve[13] bhavaty āśrayāśrayibhāvaniyamas[14] tathā dravyatvādīnām api[15] samavāyaikatve 'pi vyaṅgyavyañjakaśaktibhedād ādhārādheyaniyama[16] iti.

[382] Sambandhyanityatve[17] 'pi na saṃyogavad anityatvaṃ[18], bhāvavad akāraṇatvāt. Yathā[19] pramāṇataḥ kāraṇānupalabdher

1. *L. om.* na
2. *Ś.* nānātvam iti
3. *Ki.* bhāvaliṅgaviśeṣād
4. *Ś. om.* iti
5. *L. om.* nanu
6. *Ś. om.* yady ekaḥ samavāyo
7. *L.* na tu dravya°
8. *L. Ś. om.* saha; *Ś.* °karmatvādibhir viśeṣaṇaiḥ
9. *Ś.* svādhārā°
10. *L. om.* sarvatra
11. *Ś.* °nimittānāṃ pratyayānāṃ vyati°
12. *L. Ś.* °yamo 'pi vijñāyate
13. *L. Ny. Ś.* °tve 'pi
14. *L.* āśrayāśrayitvaniyamas
15. *L. om.* api
16. *Ś.* ādhārādheyabhāvaniyama
17. *Ki. L. Ś.* sambandhanityatve 'pi
18. *L.* asyānityatvaṃ
19. *L. om.* Yathā (*see next*)

nityo bhāva ity uktaṃ tathā samavāyo 'pīti[1]. Na hy asya[2] kiṃcit kāraṇaṃ[3] pramāṇata upalabhyata iti. [383] Kayā punar vṛttyā dravyādiṣu samavāyo[4] vartate? Na saṃyogaḥ[5] sambhavati, tasya guṇatvena dravyāśritatvāt[6]. Nāpi samavāyas, tasyaikatvāt. Na cānyā vṛttir[7] astīti. [384] Na, tādātmyāt[8]. Yathā dravyaguṇakarmaṇāṃ sadātmakasya bhāvasya nānyaḥ sattāyogo 'sty, evam avibhāgino vṛttyātmakasya[9] samavāyasya nānyā[10] vṛttir asti[11], tasmāt svātmavṛttiḥ. [385] Ata evātīndriyaḥ[12], sattādīnām iva pratyakṣeṣu vṛttyabhāvāt svātmagatasaṃvedanābhāvāc ca. Tasmād ihabuddhyanumeyaḥ samavāya iti[13].

Iti Praśastapādabhāṣye samavāyapadārthaḥ samāptaḥ[14].

Yogācāravibhūtyā yas toṣayitvā maheśvaram
Cakre vaiśeṣikaṃ śāstraṃ tasmai kaṇabhuje namaḥ.[15]

Iti Praśastapādaviracitaṃ[16]
dravyādiṣaṭpadārthabhāṣyaṃ samāptam[17].

---

1. *L.* °labdher yathānityo bhāvas tathā samavāyo[']pi; *L.* & *Ś.* *om.* iti
2. *Ki.* Na hi kasya
3. *L.* *Ś.* kāraṇaṃ kiṃcit
4. *L.* samavāyo[']pi
5. *L.* na tāvat saṃyogaḥ
6. *Vy.* dravyājitatvād
7. *Ś.* Na cānyavṛttir
8. *L.* na tādātmyabhāvavat
9. *L.* *om.* bhāvasya nānyaḥ sattāyogo 'sty, evam avibhāgino vṛttyātmakasya; *Vy.* vṛttātmakasya
10. *L.* °yasyānyā
11. *Ś.* *om.* asti
12. *L.* ata eva cātī°
13. *Ś.* *om.* iti
14. *Ki.* *L.* *Vy.* *om.* *this sentence*; *Ś.* Iti praśastapādācāryaviracite vaiśeṣikabhāṣye padārthoddeśe samavāyapadārthaḥ samāptaḥ
15. *L.* *om.* *this verse as well as the following sentence, and reads instead*: siddham samāptaṃ ca praveśākhyaṃ prakaraṇaṃ kṛtir ayaṃ praśastacaraṇapādā nāma; *Ś.* *om.*
16. *K.* *Vy.* Praśastapādācāryaviracitaṃ
17. *Ki.* *L.* *Ś.* *om.* *the whole sentence.*

COMPLETE WORD INDEX
TO THE PRINTED EDITIONS
OF THE
PRAŚASTAPĀDABHĀṢYA

Numbers refer to paragraph numbers appearing in square brackets in the text, which follows in this respect Jitendra S. Jetly's edition of the Praśastapādabhāṣya with the Kiraṇāvalī (*Ki.*). There is a numbering misprint in this edition after paragraph 335. To keep the concordance, this misprint is reproduced here. The sequence has to be read in the following way: 333, 334, 335, 334!, 335!, 336 etc.

The alphabetical order adopted for the index is as follows:

1) The term alone; if it is a *prātipadika*, occurrences of case endings are given following the traditional order. The endings *-taḥ* and *-tra* are found just after the case-endings. Some stems and roots are given as such, followed by the declined/conjugated forms.
2) The compounds where the term appears *in initio compositi*, alphabetically and according to case-endings. In a few cases, two-*pada* units (forming a more or less set expression) are given as medial or final member of a compound (e.g. °*karmaja-*).
3) The term *in medio compositi*, given between the usual small circles. In a few cases, two-*pada* units are given at this place, or a cross-reference to an occurence as (2).
4) The term *in fino compositi*, preceded by the usual small circle. *Nañ-tatpuruṣa*s are not taken as compounds, and appear only under their own forms. E.g. *asādhu* does not figure under *sādhu*.
5) The term followed by an affix, which is taken as a different item. This has been done in order to facilitate the reading where derivatives and compounds are numerous. These are mainly abstract nouns in *-tva*, as well as formations involving the *tad-dhita* affixes *-mat*up and *-vat*i, under which the compounds are eventually grouped, and compound-ending *-ka*.
   Complex affixation generates also separate entries, e.g. endings *-vattvam* or *-tvavat* are to be found at their alphabetical place as if they were independent entities.

Apart from the cases mentioned above under (1) – declension – and (5) – derivatives in *-tva* etc. –, derivatives are always to be found at their alphabetical place. They may sometimes appear a second time elsewhere under the heading of a corresponding stem or root.

A

Ā

Ī

U

AU

K

KH

G

GH

CH

J

D

N

parasparataḥ 159³, 177, 179, 192, 367, 376
parāpara-vyatikara-yaugapadyāyaugapadya-cira-kṣipra-pratyaya-liṅgaḥ 67
parāparābhidhāna-pratyaya nimittam 200
parārtham 82, 292
parārthānumānam 264², 284

PH

B

BH

M

Y

R

L

Ṣ

S

H

★ ★ ★